Topos plus **Taschenbücher**
Band 517

Henri Boulad

Gottessöhne, Gottestöchter
Gelebte Existenzreligion

Topos^{plus} Taschenbücher

Topos plus **Verlagsgemeinschaft**

Die Mitglieder der Verlagsgruppe Engagement:
Butzon & Bercker -Kevelaer | Don Bosco -München
Echter -Würzburg | Verlag Katholisches Bibelwerk -Stuttgart
Lahn-Verlag -Limburg Kevelaer | Matthias-Grünewald-Verlag -Mainz
Paulusverlag -Freiburg Schweiz | Friedrich Pustet -Regensburg
Tyrolia -Innsbruck Wien

Bibliografische Information Der Deutschen Bibliothek
Die Deutsche Bibliothek verzeichnet diese Publikation in der
Deutschen Nationalbibliografie; detaillierte bibliografische Daten
sind im Internet über http://dnb.ddb.de abrufbar.

2004 Verlagsgemeinschaft Topos plus, Kevelaer
Das © und die inhaltliche Verantwortung liegen beim
Matthias-Grünewald-Verlag, Mainz

Die Originalausgabe erschien 1992 bei der Edition Tau (4. Aufl. 1999)

Übersetzung aus dem Französischen von Hidda Westenberger

© Otto Müller Verlag Salzburg-Wien

Kein Teil des Werkes darf in irgendeiner Form
(durch Fotografie, Mikrofilm oder ein anderes Verfahren)
ohne schriftliche Genehmigung des Verlages
reproduziert, vervielfältigt oder verbreitet werden.

Einband- und Reihengestaltung:
Akut Werbung GmbH, Dortmund
Herstellung: Pustet, Regensburg
Printed in Germany

Topos^{plus} – Bestellnummer: 3-7867-8517-1

„*Der Gläubige von morgen
wird ein Mystiker sein,
oder einer, der etwas erfahren hat,
oder er wird nicht mehr sein!*"
Karl Rahner
1966

Inhalt

Liebe und Existenz 7

Gott im Zentrum der Materie 34

Braucht Gott den Menschen? 56

Du bist der Schöpfer deines Nächsten 100

Liebe und Existenz

Gott läßt nichts unnötigerweise entstehen. Es gibt kein sinnloses Erschaffen aus Gott. Jedes Ding und jedes Wesen ist tatsächlich notwendig für ihn, sonst hätte es keine Existenz erhalten. Meine lieben Freunde, unser heutiges Vortragsthema über Liebe und Existenz sollten wir als eine Meditation verstehen, die uns über die Selbsterkenntnis zur Gotterkenntnis führen will und damit zur Existenzreligion. Dabei könnte uns das Wirken der Liebe Gottes in wunderbarer Weise offenbar werden, sehr viel reicher und tiefer, als wir es bisher für möglich hielten. Mögen wir Weisheit erlangen, um dann aus ihr leben zu können.

In der philosophischen Sprache heißt es, Gott habe uns aus dem Nichts erschaffen – was heißt das aber? Was heißt das, ein Wesen taucht auf, plötzlich tritt es aus dem Nichts ins Sein? Auf naturwissenschaftlicher Ebene kann ich meinen Ursprung zurückverfolgen, über meine Eltern, Großeltern und Urgroßeltern, bis zum ersten Menschenpaar, dann über die Säugetiere und Wirbeltiere bis zum ersten primitiven Pflanzenkeim und zum ersten stofflichen Atom, dem Beginn unserer Weltentstehung. Doch wer naturwissenschaftlich denkt, denkt horizontal, rein entwicklungsgeschichtlich. Vielleicht räumt der Naturwissenschaftler ein, daß dieses Atom, das er an den Anfang setzt, aus Gottes Schöpferhand und Schöpferwillen hervorgegangen ist, weil eine Welt geschaffen werden sollte, die sich fortlaufend weiter- und höherentwickelt, eine Welt in dynamischer Evolution, und diese hat sich nun bis dorthin fortgesetzt, wo sie heute steht.

Es gibt jedoch noch eine andere Betrachtungsweise, bei der solche Fragen nicht horizontal, sondern vertikal gestellt und auch beantwortet werden, denn es liegt ein anderes Ziel vor.

Hier geht es nicht nur um die Suche nach einem Ursprungspunkt, der uns dann befriedigen würde, wenn wir ihn gefunden hätten, dem Woher und dem Wie, sondern es ist das Wohin und das Warum, das der menschliche Geist ergründen will. Mit anderen Worten, es ist die Frage nach dem Sinn. Wieviele Menschen gibt es aber, die kommen und gehen und sich diese Fragen niemals stellen, keine Existenzfragen, keine Sinnfragen. Sie leben, und, wenn sie gesund sind, so sind sie mit ihrem Dasein zufrieden. Aus welcher Quelle sie stammen oder aus welchem Grund sie überhaupt an diesem *„Welteifer"* teilnehmen, danach fragen sie nicht. Es gibt also drei Menschentypen: die Fraglosen, die Fragenden nach dem Woher und dem Wie und schließlich die Fragenden nach dem Sinn des Lebens und dessen letztem Warum.

Ich denke, daß ich mir doch einmal klar darüber werden muß, daß ich eigentlich keine Daseinsberechtigung habe. Ich atme, und nur in dieser Sekunde ist mir meine Existenz gegeben. Wird der Zufluß an Lebensgnade in den nächsten Sekunden, die folgen, eingestellt, erlischt meine Existenz. Ich weiß sehr genau, daß ich selbst keinerlei Anstrengung unternehmen kann, mir mein Leben zu erhalten. Wunsch und Wille sind ohne Belang, denn unsere spektakuläre medizinische Technologie kann den Abbruch meiner Existenz nur zeitlich verlagern. Erfahre ich das nicht alle Tage, wenn ich selbstvergessen arbeite oder einmal aus dem Tiefschlaf aufschrecke: *Ich lebe!* Ich existiere ohne selbst dafür Sorge zu tragen. Frage ich aber nach dem Grund, so genügt es mir nicht, diesen allein auf die Existenz der Eltern und Großeltern zurückzuführen, von denen ich mein biologisches Leben erhalten habe, nein, ich gehe in meinem Fragen sehr viel tiefer und weiter. Nicht nach meinem Ursprung in Zeit und Raum frage ich, sondern nach meinem Sein im Jetzt, im Heute, in diesem Augenblick. Dabei erkenne ich: Wenn das Leben einem Wesen nicht ständig von Neuem zuflösse, dann hätte es keine Existenz. Und mit dieser Frage nach der geheimnisvollen, aber augenfälligen Existenzerhaltung werden wir uns zunächst beschäftigen.

„Gott sprach: Es werde Licht!" ... Licht, Dinge und Wesen erwachen zur Existenz. Dieser Text des oft wiederholten Gotteswortes *„Es werde!"* führt uns zu tieferen Denkbereichen. Gott hat sich eine Welt lebendiger Wesen erdacht und sie in seinem Herzen gestaltet, Gott hat sich den Menschen ersehnt,

erträumt – auch mich und auch Euch! Er hat an uns gedacht, und dieser Gedanke nahm Formen an, einen Leib, ein Gesicht, und das bin ich, das seid Ihr. Die bildenden Künstler unter uns, die ihre Ideen verwirklichen möchten, haben Materie dafür nötig. Materiell soll sich das Werk in ihren Händen bilden, das längst in ihrem Innern wohnt und vollendet ist. Sie greifen dann nach einem Steinblock, einem Holz, sie nehmen Ton, Stoff oder Farbe zur Hand, um ihre Idee darzustellen, sie sicht- und fühlbar zu machen, und sie investieren in ihre gestalterische Tätigkeit sehr viel Zeit. Der Gotteskünstler kennt keine zeitliche Entfernung zwischen innerem und äußerem Gestalten wie ein Menschenkünstler, und hier stehen wir im Schöpfungsmysterium: Gott wünscht, denkt und schafft in einem Atemzug. Aber noch weiter müssen wir gehen. Wunsch und Wille sind bei der Erschaffung der Wesen zwar das Entscheidende, doch nicht nach menschlicher Art, auf Grund relativ vager oder abstrakter Ideen, sondern Sie dürfen sich sagen: Gott hat mein Dasein nicht nur erwogen, so wie wir dieses oder jenes zu tun erwägen, sondern er hat mich mit göttlicher Sicherheit gewollt und mein Wesen in göttlicher Liebe ersehnt, mich und jeden einzelnen Menschen, der mir im Leben begegnet.

Als einen ewigen Funkenschlag aus Gottes Mitte heraus sehe ich das Schöpfungswirken bis zur Stunde, und es enthält alles zugleich: Denken, liebendes Verlangen, tatsächliches Tun. Und im Menschen verwirklicht und konkretisiert sich der göttliche Wunsch im höchsten Sinn. Dabei spreche ich betont vom *Einzelgeschöpf Mensch,* indem ich diese Erschaffung personalisiere. Ich sah sie immer als eine intim-persönliche Wirklichkeit, weil jeder Mensch für mich eine „Liebeshandlung Gottes" darstellt, einen *Gottessohn,* eine *Gottestochter.*

Im Schöpfungsmythos heißt es nicht nur *„Laßt uns Menschen machen!",* sondern: *„... da bildete der Herr den Menschen aus Lehm vom Boden"* – und das ist es! Das ist das ganz Besondere, wobei wir natürlich über den Symboltext hinausschauen. Wie ein Töpfer in freudiger Erwartung sein Tongefäß formt, wie der Bildhauer langsam voranschreitend seiner Statue, aus dem Marmorblock heraustretend, Leben verleiht, Werke, die seit langer Zeit in der Vorstellungskraft dieser Künstler ihr Leben führen, so erschafft Gott den Menschen. Wem also der erste Schöpfungsbericht *„Es werde!"* zu schlagartig geschieht oder zu abstrakt anmutet, der erkennt nun im zweiten Teil, bei der Erschaffung des Menschen, Wärme und personales Leben. Gott sagt nicht: *„Es werde der Mensch!",* sondern er *bildet* ihn.

Man sollte sich selbst einmal darin versuchen, ein Menschengesicht mit eigenen Händen zu modellieren, um dabei Gottes Verlangen nach der Existenz des Menschen nachzuempfinden. Ich habe das früher einmal getan, als mir noch Zeit für solche guten Dinge blieb, und es war eine sehr wichtige Erfahrung. Langsam entstand zwischen meinen Händen ein Kopf und bald ein Gesicht, das mich ansah als mein Geschöpf, weil ich mich selbst in dieses erdige Material hineingegeben hatte, und ich verstand was der Mythos meint: Gott wollte sich bei der Erschaffung des Menschen noch persönlicher engagieren, noch intensiver, der Mensch sollte nicht nur die Frucht seines Denkens und Befehlens sein (*„Es werde!"*), sondern die Frucht einer Herzensregung und seiner Hände Werk. Auch der Menschenkünstler arbeitet mit Herz und Hand. Ich sah, fühlte, erlebte es an meinem Tongesicht, das ich mir formte, wobei mir der Sinngehalt des Schöpfungstextes klar geworden war, denn in bedeutungsvollen Worten wird uns gezeigt, wie Gott den Menschen nach seinem Bilde schafft, wie er ihm seine Wesenszüge überträgt und, wie er sich in jedem Menschenwesen selbst verkörpert – in jedem Neugeborenen! Denn schließlich neigt er sich nahe über seine Kreatur, ganz nahe, und haucht ihr sein eigenes Leben ein – *„... und er blies ihm Lebensodem ein, so ward der Mensch ein Lebewesen"* (Genesis 2,7). Warum sagen wir eigentlich nicht, durch einen Kuß Gottes sind wir Menschen zum Leben erwacht? Mit dieser Geste begann unsere Existenz, denn erst das göttliche Innenleben läßt eine Kreatur zum Menschen werden. Mit einem Kuß begann unsere wahre Existenz, die eine *Geistige* ist. Schöpfer und Geschöpf, Vater und Kind – wir sind *Gotteskinder*. Und erst durch den Menschen soll die Schöpfung eine in Liebe atmende Wirklichkeit werden.

Meine lieben Freunde, nicht tief und nicht oft genug sollten wir unseren Ursprung durchdenken und meditieren. Ich kenne hierfür keine bessere Texthilfe als den 139. Psalm (1–5):

"Herr, Du erforschest und erkennest mich, / Du weißt es, ob ich sitze oder stehe, / durchschaust, was ich für ferne Zukunft plane. / Du spürst meinen Pfad, mein Lager aus; / dafür fehlt meiner Sprache selbst ein Wort... / Von hinten und von vorne hältst Du mich umschlossen / und hast mich ganz in Deiner Hand."

Der einfühlsame Psalmist weiß, wie transparent er für die Augen Gottes ist, und daß das Herz Gottes das seine bis in alle Fasern kennt, deshalb erlebt er seine Existenz als das Werk eines *persönlichen Gottes*. Mehr noch, der Schöpfer kennt und liebt ihn – und er kennt und liebt Sie, meine Freunde. Das Verb *„kennen"* hat in der biblischen Sprache eine beachtliche Dimension: Adam kannte Eva, und sie bekamen ihre Söhne. Abraham kannte Sarah, und sie bekamen trotz ihres hohen Alters noch einen Sohn. Maria kannte keinen Mann. Hier ist das ganze Kennen und Erkennen gemeint, es ist die Rede auch von der letzten Intimität zwischen Mann und Frau. Und auf eben diese Weise singt der Psalmist davon, daß Gott ihn kenne, es ist das existentielle Kennen gemeint. Gott kennt den Menschen nicht, wie ein Philosoph ihn kennt, indem dieser sein Wesen auseinanderlegt und exakt analysiert. Er kennt ihn auch nicht, wie ein Dichter ihn kennt, der wohl sehr tief empfindet und den Menschen vorzüglich gut beschreiben kann, sondern Gott ist eine persönliche Anwesenheit im Fleisch und Blut des Menschen, daher weiß er, ob dieser *„... sitzt oder steht und was er für seine ferne Zukunft plant"*.

Vergleichen wir doch diese Gottzugehörigkeit mit der Mutter-Kind-Bindung, denn die Mutterliebe kommt der Gottesliebe immer am nächsten. Das kleine Kind bewegt und beschäftigt sich schon allein, aber unablässig ruht der Mutterblick auf dem geliebten Geschöpf. *„Ich lasse mein Kind nicht aus den Augen",* sagt sie. Weshalb nicht? Doch nicht, weil sie neugierig spionieren will, sondern weil sie es liebt. Hier sind wir auch schon beim wahren Gebet, welches nichts anderes bedeutet als Wissen haben vom denkbar innigsten Gottesverhältnis, vom Blick der Liebe, der auf uns ruht. Könnte dies doch die spirituelle und *existentielle Erfahrung* eines jeden Menschen sein, seine ganz selbstverständliche Tageserfahrung, dann fühlte ein jeder die Wahrheit, so wie der Psalmist sie fühlt, daß Gott ihn *„von hinten und von vorne umschlossen hält"*. Dann befände sich die Menschenseele im Austausch mit ihrem Geliebten, wie es uns die Gebete der Mystiker aller Zeiten vermitteln: *„Du fühlst was ich fühle, Du siehst was ich sehe, wir sind eins."* Jenseits aller Worte im Bewußtsein dieses Gottesblickes leben, das heißt ein Gebetsleben führen. Es gibt spirituelle Autoren, die es *„das Gebet des einfachen Blickes"* nennen, und sie haben recht, denn wir erkennen hier für den Menschen die höchste Form der Kontemplation, welche unsagbar wichtig ist und im Alltagsleben frei und überall zu haben! Der Geist inspiriert Sie, und, wenn Sie sich auf ihn einlassen, dann werden Sie Ihr Einssein mit der Gottheit spüren.

*„Herr, immer war ich bestrebt,
meinen Leib reinzuhalten,
wissend, daß Deine Berührung
allen meinen Gliedern gilt.*

*Herr, immer war ich bestrebt,
meine Gedanken reinzuhalten,
wissend, daß Du die Wahrheit bist
und das Licht meines Geistes.*

*Herr, immer war ich bestrebt,
die Bosheit aus mir fernzuhalten
und meine Liebe in der Blüte zu bewahren,
wissend, daß Du mein Innerstes bewohnst."*
(Tagore)

Ein moderner Psalm aus Indien. Ja, Gott besitzt unser Innerstes, wir sind sein Eigentum. Da denke ich an die alte Form der Segnung und finde sie noch immer sehr schön. Früher ruhten beide Hände auf dem Kopf des Gläubigen, die Priesterhände als Symbol für die Gotteshände. In den meisten Fällen ist eine physische Berührung eine besitzergreifende Geste, der lebendige Gott aber regt sich tief in Ihrem

Innern, er will Ihnen nichts nehmen, sondern nur geben: seinen Geist! Unendlich ist der göttliche Respekt gegenüber dem Geschöpf, Gott bewegt Sie von innen und baut von dort her Ihr Wesen auf. Seine Berührung ist geistiger Art, er inspiriert Sie.

Und der eines Tages geistig erwachte Mensch spürt es! Er weiß es! Und er betet es alle Tage: *„Gott, Dein Leben empfinde ich als eine Geistberührung von schöpferischer Wirkung, sie hält mich nicht nur am Leben, sondern sie fördert auch mein geistiges Reifen Schritt um Schritt."* Deshalb meine ich, daß wir schon beten, wenn wir im Bewußtsein der Intimnähe Gottes leben und unsere Augen sich begegnen. Ich gehe so weit zu sagen, daß man erst dann wirklich betet, wenn man die Berührung Gottes tatsächlich wahrnimmt. Sie haben soeben zwei Menschen gesehen und waren Zeuge ihrer Liebesumarmung. Nehmen Sie dieses schöne Bild als ein Zeichen für eine andere Umarmung. Lernen wir Zeichen lesen?

Freilich bin ich mir bewußt, daß viele mir die Tatsache einer göttlichen Geistberührung ausreden möchten, sie sei doch nichts als Wunschdenken des Menschen. Doch wenn sich jemand eines Tages einen bestimmten Grad spirituellen Gespürs erworben hat, dann erkennt dieser, was hier gemeint ist. Er wird in den Aussagen, die andere für subjektive Phantasiegebilde halten, seine eigenen Erfahrungen wiedererkennen. Spirituelle Autoren aller Zeiten sprechen von Geistberührungen, nachdem sie diese am eigenen Leib erfahren haben, und im Sprachgebrauch schlägt sich diese Erlebniskraft wortgetreu nieder:

*"Wir waren ganz und gar erfaßt davon,
es hat uns tief bewegt. Ich war berührt."*

Hier wird nicht von einer physischen Berührung gesprochen. Und wenn uns ein Erlebnis dieser Art erfassen und berühren kann, wie dann erst recht der Gottesgeist, der alles trägt und alles steuert, der uns alle Augenblicke in Bewegung hält, ob wir es wahrhaben wollen oder nicht.

Aus dieser Perspektive könnte man auch die freiwillige Keuschheit, die in vielen Religionen gelebt wird, betrachten und verstehen lernen. Der Geistliche verzichtet auf physische Berührungen zugunsten der Wachsamkeit und Feinfühligkeit für eine Geistberührung, er will sich voll auf diese einstimmen, er will nur Empfang sein, er will ganz Gefäß sein. Ein gottgeweihter Mensch ist demnach ein Liebender in der Hingabe, und ich kann mir einen wirklich *„lebendigen"* Menschen überhaupt nur im Zustand der Verliebtheit vorstellen. Ich verstehe nicht viel von der deutschen Sprache, als ich aber einmal die große Ähnlichkeit der beiden essentiellen Verben *„leben"* und *„lieben"* feststellte, freute ich mich. In diesem mystischen Erleben der göttlichen Schöpfung und allen menschlichen Tuns, wenn die Existenz an ihre Quelle zurückkehrt, macht der Mensch seine hochzeitliche Erfahrung mit der Gottesliebe und erkennt seinen Ursprung:

> *"Du schufst meine Nieren*
> *und formtest mich im Mutterschoße.*
> *Ich danke Dir,*
> *daß ich so wunderbar bin ausgezeichnet.*
> *Ganz wunderbar sind Deine Werke,*
> *und meine Seele fühlt es gut ..."*
> (139. Psalm, 13–14)

Der 139. Psalm führt uns konsequent in die Gottesabhängigkeit, in die Intimnähe unseres Schöpfers. Oder sollten wir diese letzten Zeilen besser unseren Müttern zuschreiben, die uns in ihrem Leibe *"formten und auszeichneten"*? Sind es aber nicht gerade sie, die vom „Geburtenwunder" überwältigt werden, wenn man ihnen das schreiende Baby in die Arme legt? *„Das habe ich geleistet? Das kann ich nicht glauben"*, flüstern sie. Etwas Unbegreifliches geschah, denn wieviel trug die Mutter selbst dazu bei? War ihre Intelligenz beteiligt, ihre Sorge notwendig? Vergaß sie nicht das Kind in ihrem Leib, indem sie monatelang ihren Tagespflichten nachgegangen ist und nachts wie üblich alle Stunden schlief? Und dann legt man ihr das fertige Wesen an die Seite: *„Hier! Nehmen Sie Ihr Kind!"* Ganz still ist sie ... und nicht selten fließen Tränen der Erschütterung.

Vor einiger Zeit habe ich mir mit Freunden in einem alexandrinischen Armenhospital eine Geburt angeschaut, und diese Nachtstunden zählen wahrhaftig zu meinen stärksten Eindrücken, weil ich tiefreligiöse Erfahrungen machen konnte. Seltsamerweise bekam ich nur wenige Tage darauf einen Brief aus den USA, in dem mir eine junge Krankenschwester dasselbe Erlebnis aus ihrer Sicht beschrieb, ihre erste Geburtserfahrung während ihrer Ausbildungszeit. Ein starker Brief, den ich mir aufbewahrt habe.

Meine lieben Freunde, der moderne Mensch muß seine Fähigkeit tiefen Erstaunens und Ergriffenwerdens wiedergewinnen, das ehrfürchtige Verweilen vor einer Alltagswirklichkeit. Alles ist *„wunderbar"*, alles ist ein Wunder! Wer von uns würde an eine Menschengeburt glauben können, wenn man ihm dieses Unerhörte zum ersten Mal berichtete: Ein großer, stattlicher und intelligenter Mensch ist aus einer mikroskopisch kleinen Zellentwicklung hervorgegangen – ohne jedes Zutun unsererseits. Das sei natürlich, behaupten wir. Einerseits ist das wahr, doch andererseits ist es mir vollkommen rätselhaft. Wir sind so sehr an das Natürliche als das Alltägliche gewöhnt, sodaß wir blind und taub für die ungeheuren Wunderwerke der Natur geworden sind. Nein, keine Mutter bringt *„ihr"* Kind zur Welt, wie es heißt, sondern der ewig aktive Schöpfergeist anwesend in ihr und in Gemeinschaft mit ihr. Und Gott hat es dem unaufhörlich fragenden Ijob zu erklären versucht, lesen Sie im Buch Ijob und lesen Sie im Psalmenschatz, denn immer kehrt es für Sie wieder: Lange bevor du geboren wurdest, lange bevor dich deine Mutter empfangen und ausgetragen hat, habe ich dich aus mir geboren und geliebt. Ich kannte dich, bevor du warst.

Diese Erkenntnis des Schöpferischen, zurückreichend bis in die Vorexistenz eines lebenden Wesens, können wir in allen frühen Schriften nachlesen, was zur Folge hat, daß das Wunder der eigenen Existenz eingestanden wird. Ich bin mir selbst ein Wunder wie alle Geschöpfe Gottes um mich her, und ich erkenne: *Gott ist Schöpfer, weil er Liebe ist, und Gott ist Liebe, weil er Schöpfer ist.* Liebe und Schöpfung bestehen in der Einheit. Ein liebender Gott muß schaffen, er muß eine Welt lebendiger Wesen erschaffen, weil er – im wahren Wortsinn – im unendlichen Maß seiner göttlichen Liebe sein Leben mit ihnen teilen muß. Letztlich ist nur die Liebe wirklich schöpferisch, es gibt kein sinnvolles Erschaffen ohne die Beteiligung des Herzens, ohne das Einbringen des Wesens, ohne die Selbsthingabe ans Werk. Alle anderen Schöpfungen sind Plagiate oder Platitüden, nur das Herz versteht, etwas wirklich Großes zu leisten.

Und nun zur *Einzigartigkeit* des einzelnen Menschen. Gott kennt keine Serienproduktionen, wenn es um den Menschen geht, jeder ist ein Einzelgeschöpf göttlicher Liebe, es gibt keine Kopie von ihm in der Weite des Kosmos, denn individuell-persönlich wird er ins Dasein gerufen. Und diese Gott-Mensch-Beziehung wiederholt sich in der Mutter-Kind-Beziehung, sie überträgt sich auf jedes neugeborene Kind dieser Erde, denn schon in der ersten Stunde nach der Geburt gewinnt das kleine Wesen eine einzigartige Bedeutung für diese Frau. Für eine Mutter kann es niemals vier oder fünf Milliarden Menschenkinder geben, sondern nur ihr eigenes. Versuchen wir uns jetzt vorzustellen, um wie viele Male mehr dieses eine Kind von Gott als dessen letztem Grund und Ursprung geliebt werden muß, wenn schon eine Menschenmutter für ihr Kind durchs Feuer geht. Desgleichen sind echte Kunstwerke wahrhaft beseelte Einzelstücke, weil sie in voller Hingabe entstanden sind: *„Mit seinem Herzblut hat er es geschaffen!"* sagen die verstehenden Betrachter, *„er hat sein ganzes Wesen investiert."* Das ist es! Der wirklich große Künstler schafft wie der Meister aller Meister aus seinem Innersten: *„Laßt uns Menschen machen nach unserem Bilde!"* – und es wird ein Liebesschaffen sein.

Leider stellt sich hier für den menschlichen Verstand eine Hürde auf, denn manche unter uns empfinden etwas Widersprüchliches im Gottwesen. Wie kann Gott allgegenwärtig anwesend in jedem seiner Einzelgeschöpfe sein? Wie kann er mit jedem Wesen in vollkommener Harmonie unablässig beschäftigt sein? Liebe zum Einzelgeschöpf und das in Milliardenzahlen? Hier befinden wir uns im Zentrum des Liebesgeheimnisses, wo immer das Mögliche überschritten wird und das Unmögliche gelingt. Ich habe in Kairo einmal eine Predigt vor Schülern gehalten, die einer von ihnen aufgenommen hatte. Später brachte er mir den nach der Kassette geschriebenen Text:

WEN VON UNS LIEBST DU AM MEISTEN?

Drei kleine Brüder fragten eines Tages ihre Mutter: „Sag uns, wen von uns liebst Du am meisten?" Sie antwortete: „Ich liebe jeden von Euch mit derselben Liebe."

Aber die Kinder bestanden auf ihrer Frage: „Schon gut, doch einen von uns mußt Du doch mehr lieben! Wer ist es? Wen liebst Du am meisten?"

Lächelnd ging der Blick der Mutter über ihre drei Söhne, und sie wiederholte: „Ich liebe Euch alle am meisten." Dann sprach sie zum Ältesten:

„Dich liebe ich am meisten." Und dann zum zweiten Sohn: „Dich liebe ich am meisten." Und dann zum Jüngsten: „Dich liebe ich am meisten."

Die Kinder staunten aber verstanden nichts. Dann rückte der Jüngste ganz nah an die Mutter heran und flüsterte: „Aber ich brauche Dich mehr als die andern, ich bin der Kleinste, daher will ich, daß Du mich mehr liebst als sie." „Ja, mein Liebes", sagte die Mutter, „Dir gehört mein ganzes Herz."

Da protestierten die Brüder und riefen in Eifersucht: „Was bleibt dann uns, wenn er Dein ganzes Herz besitzt?"

In all ihrer Liebe sah die Mutter die beiden an und erklärte ihnen: „Das Herz einer Mutter ist kein Kuchen, der immer weniger wird, wenn man ihn austeilt an viele. Das Herz einer Mutter wächst, wenn es sich teilt. Wenn ich mein Herz unter drei Kindern aufteile, dann teile ich es nicht durch drei, sondern ich verdreifache es ... es wächst tatsächlich! Und dann kann ich jeden von Euch noch viel mehr lieben, als wenn er allein wäre."

Jetzt staunten die Brüder noch mehr, aber verstanden noch immer nichts von alledem. Hatten sie nicht in der Mathematikstunde gelernt, daß eins dividiert durch drei ein Drittel ist?

Die Mutter behauptet etwas ganz anderes, sie sagt, eins dividiert durch drei sei drei.

Da nahm die Mutter ihre drei Söhne zusammen in ihre Arme, drückte sie in einer einzigen und sehr festen Bewegung an ihr Herz und schwieg ...

Und was geschah jetzt? Nach einer Weile begannen die Augen der Kinder zu leuchten, denn sie verstanden jetzt dieses Mutterherz, jetzt zusammen in den Armen der Mutter, zu dritt in der Einheit, verstanden sie plötzlich alles. Sie verstanden, daß eine Liebe durch drei geteilt tatsächlich drei sein kann, und sie sagten sich im stillen: Das hat offensichtlich der Lehrer noch nicht verstanden und vielleicht wird er es nie verstehen, unser armer Lehrer ...

***

Meine lieben Kinder, ich lade Euch heute zum Fest des Heiligsten Herzens ein, Eure Arithmetik einmal ganz zu vergessen, um der Arithmetik der Liebe zu folgen. Das Herz Christi ist nämlich ein Mutterherz, und jeder von uns ist für dieses Herz derjenige, der am meisten geliebt wird. Gewiß hat sich mancher unter Euch gefragt:

„Im Augenblick sind wir in dieser großen Kirche etwa tausend Kinder. Wer bin ich unter ihnen allen? Ganz gewiß liebst Du mich, aber die andern liebst Du doch auch. Vielleicht liebst Du sie viel mehr als mich, es gibt so viel intelligentere, bessere, frommere als mich, weshalb solltest Du Dich für mich interessieren? Und auf unserer Erde sind wir ein paar Milliarden Menschen, wer bin ich denn in dieser unvorstellbaren Menge? Ich glaube schon, daß Du mich kennst und aussondern kannst, denn Du bist Gott, aber doch nur als ein Sandkorn angesichts der ‚Masse Mensch' auf allen Kontinenten."

Mein liebes Kind, in diesem Augenblick wird Christus sich über Dich neigen und Dich bei Deinem wahren und geheimen Namen rufen, den niemand auf Erden kennt, bei Deinem in Gott verborgenen Namen, eingeschrieben in seine Handflächen, wie es heißt. Und dann wirst Du seine Stimme im Herzen vernehmen:

„Nein! Auf dieser Erde gibt es nicht die Masse Mensch, sondern nur Dich allein. Es gibt nur einen Einzigen, und das bist Du."

Zunächst verstehst Du es nicht, noch bist Du gefangen in der Schulwissenschaft und wirst beherrscht von Zahlenlogik und Statistik. Suche daher nicht, jetzt die Rechenkünste Gottes zu enträtseln, sondern laß Dich in seine Arme nehmen und an sein Herz. Dann schweige und warte ...

Ich habe das getan, meine lieben Kinder, und plötzlich waren mir die Augen aufgegangen und ich erlebte so etwas wie eine Offenbarung: Ich sah mich umgeben von einer ungeheuren Menschenmenge, die gemeinsam mit mir diese Umarmung teilte, wir alle teilten uns die Liebe Christi – ohne Eifersucht, ohne Zweifel, ohne Berechnung – und ich war selig in dieser Schau! Das Erstaunliche war, daß ich mich sogar unendliche Male mehr geliebt wußte in dieser Gemeinschaft von Millionen, mit denen ich diese Christusliebe gemeinsam erfuhr.

Ich hatte verstanden, daß sich die Liebe Christi mit der Zahl *unendlich* multipliziert, sobald sie sich teilt und verteilt an uns alle. Hier hatte sich mir das Mysterium der Liebe offenbart, so wie es sich den kleinen Brüdern offenbart hatte, als die Mutter sie alle in ihre Arme schloß und schwieg. Denn dann hatten sie verstanden:

Wir sind drei, aber es ist, als seien wir eins. Und dieses Eine, das sind wir drei. Dieses Eine, das ist die Liebe der Mutter, die uns umarmt und uns eins werden läßt.

Und das gilt für alle Menschen! Laßt uns deshalb sehr bewußt in der Umarmung Christi verweilen, um gut zu erkennen, daß wir nicht Tausend sind, die hier diese Messe feiern, daß wir nicht ein paar Milliarden sind, die diesen Planeten bewohnen, sondern daß wir *eins* sind, tatsächlich *eins*.

Aber Du fragst noch immer: Wer ist dieses *eine*? Bin ich es, bist Du es, sind es die andern? Ich bin es, Du bist es, und es sind die andern. Es ist die *Liebe,* die uns zusammenhält und bewirkt, daß die andern mit mir *einswerden.*

Das Mysterium der Gottesliebe zum Einzelgeschöpf kann man nicht in Büchern studieren, und es wird an keiner Schule gelehrt. Niemand kommt verstandesmäßig an dieses große Geheimnis heran. Begreifen wird es der Mensch nur im glühenden Kontakt mit dem Herzen Christi, wobei Ihr Eure Mathematikbücher und den Mechanismus weltlicher Statistik vergessen müßt. Laßt Euch nehmen! Gebt Euch hinein in die göttliche Umarmung.

„... damit Ihr in dieser Liebe festgewurzelt und gegründet seid. Dann werdet Ihr mit allen Heiligen erfassen können ihre Breite und Länge, ihre Höhe und Tiefe. Dann werdet Ihr die Liebe Christi erfahren, die jede Erkenntnis weit übersteigt, und Ihr werdet übervoll von Gottes Fülle werden."

So schrieb es Paulus an die Epheser. Amen

Jeder von uns ist für Gott der Bevorzugte, der Unersetzliche so wie jedes einzelne Kind für ein Mutterherz oder die Geliebte für den jungen Mann. Dasselbe lesen wir in den starken Texten der Mystiker in ergreifender Einfachheit. *„Mein Geliebter ist mein, und ich bin sein."* Niemals finden wir diese Bezeichnung im Plural, nie wird im Plural geliebt, sondern nur die Einzelperson im *Einssein* mit Gott betreffen diese Texte, die private, personale Liebesbeziehung. Und das ist es, was Gott vom Einzelgeschöpf erwartet ... *„Ich bin Jahwe, Dein Gott, Du sollst keine anderen Götter haben neben mir".* Seit den Uranfängen menschlicher Existenz ist dieser Liebesaustausch zwischen Schöpfer und Geschöpf vorgesehen, innig und geheim, und nur in dieser Schau wird man begreifen, was die Gottesliebe vermag, wenn sie sich im einzelnen Menschenwesen inkarniert, denn das Geheimnis jeder Liebe ist ihre schöpferische Dynamik.

Dazu möchte ich sagen, daß ein Mensch, der einen anderen Menschen wirklich liebt, auch die Gottesliebe zu leben weiß, andernfalls tut er sich schwer damit. Und ich kehre wieder zu den Müttern zurück, weil sie am unbefangensten Gotteserfahrungen machen. Im innerweltlichen Bereich erkenne ich die Mutterliebe als die höchste Offenbarung der Gottesliebe, denn es ist ihre ganze Hingabe ans einzelne Kind, auch dann, wenn sie viele hat, es ist ihre Opferkraft, ihre Bedingungslosigkeit, ihre Liebe ohne Grenzen. Je mehr Kinder diese Frau haben wird, umso stärker wird sich ihre Liebe entwickeln, indem sie sich gleichzeitig an alle verschwendet.

„Wie die Liebe einer Mutter,
eine Liebe, die keinen vergißt,
wundersames Brot, das ein Gott teilt
und sich doch vermehrt!
Ewig gedeckter Tische im Hause des Vaters,
jeder hat seinen Anteil dort,
und doch bekommen alle das Ganze."
(Viktor Hugo)

Das ist der angebliche Widerspruch des *mystischen Leibes,* bei dem sich aber das Viele mit dem Einzelnen vereint und versöhnt. Die Vielheit unserer Weltexistenz, die für Jahrtausende das große Problem für die Philosophenköpfe darstellte, gelangt hier zur Einheit, das Problem löst sich im Schöpfungsmysterium, da es ein Liebesmysterium ist, und hier werden wir zum Begriff der Nächstenliebe gelenkt.

Die Nächstenliebe ist etwas Universelles, wie die Gerechtigkeit etwas Universelles ist, aber zugleich hat sie das Besondere einer intensiv-persönlichen Beziehung. Die Gerechtigkeit umfaßt die Allgemeinheit als Ganzes, sie muß, um universell zu sein, dem Menschen gegenüber abstrakt denken, denn das Gesetz soll unterschiedslos für alle gelten – das streben wir an. Würde man aber den Einzelnen nach einem ebensolchen Liebesgesetz fragen, so würde er, seine Person betreffend, negativ reagieren. Er würde es ablehnen, nur auf allgemeingültige, gesetzmäßige Weise geliebt zu werden, weil er eine tief-persönliche Zuwendung braucht, er will diese als eine *„einzigartige Liebe"* an sich erfahren. Konzentriert sich aber diese erstrebte Liebe im besonderen nur auf ein Wesen und wächst zur Leidenschaft heran, dann müssen wir sehr bald von einer exklusiven Liebe hinsichtlich der anderen Menschen sprechen, und diese wäre dann das Gegenteil einer Nächstenliebe. Jemanden ausschließlich lieben bedeutet die anderen ausschließen.

Ich denke jedoch, daß diese beiden Pole, der Pol der All-Liebe und der Pol der Einzel-Liebe, gerade in der Nächstenliebe und durch sie vereint werden können. Damit uns eine Lösung gelingt, gehen wir noch einmal zurück zum Begriff der Erschaffung des Seins aus dem Nichts, treten wir noch einmal an die Quelle unserer Existenz und hören wir erneut die Behauptung, Gott habe uns aus dem Nichts entstehen lassen. Jetzt werden wir sehen, daß dieser Gedanke korrigiert werden muß. Sicherlich kann ich sagen, meine Existenz habe einmal begonnen, davor gab es mich nicht, das ist richtig. Doch tiefer gesehen gab es niemals dieses Nichts, sondern jenseits von Raum und Zeit, jenseits der Schöpfung, den ewigen, lebendigen und liebenden Gott in der Fülle der Gegenwart. Gott erfüllt mit seiner Anwesenheit *alles,* das unerschaffene wie das erschaffene All, und unsere Schlußfolgerung hieße demnach: *Sobald Gott etwas erschafft, nimmt Er es nicht aus dem Nichts, sondern aus seinem eigenen Wesen.* Das müssen wir uns einprägen und in unserem Herzen bewahren, denn so ist unsere Welt entstanden, so bin ich entstanden, so bist Du entstanden, unser Wesen ist seit Ewigkeit im Gotteswesen enthalten, es ist in seiner ganzen Wirklichkeit Teilnahme am Gottesleben, und jeder Schöpfungsteil, unter welcher Form auch immer, ist seiner Natur nach Teilhabe an Gott.

Mein Wesen, das ich habe, ist abhängig von einem anderen Wesen, das ist und das ewig ist. Ich *"habe"* Leben in mir, Gott aber *"ist"* das Leben, er ist das ewige Sein. Für mich gilt das Verb *"haben"*, für ihn gilt das Verb *"sein"*, Gott gibt mir mein Haben aus seinem Sein, mein Leben wird in jedem Moment aus seinem Innern gespeist. Erschaffung und Erhaltung des Seins gehen beide aus dem göttlichen Willen hervor und geschehen gleichzeitig, Gottes Schöpfung ist anhaltende, lebendige Gegenwart und nichts Vergangenes, sondern hochaktuelles, dynamisches Tun im Hier und im Jetzt. Dieses Wissen um die anhaltende eigene Schöpfungsstunde, dieses Einfühlen und Miterleben, wie man ständig aus dem Gottwesen hervorgeht, das ist schon Gebet, und es ist eines der schönsten und sinnreichsten Gebete – ohne alle Worte! Ich sage nichts, sondern ich fühle und begreife, daß ich nichts war, nichts bin und nichts habe, zugleich fühle ich aber, daß mir alles gegeben wird, mein Sein und mein Haben. In der Kraft einer persönlichen Liebe strömt mir das Leben Gottes zu, und ich werde in ihr erhalten. Wissen und Glauben haben, daß das, was mir geschieht, jedem einzelnen Menschen geschieht, den ich kenne – das ist bereits *wirkende Nächstenliebe,* indem sie uns alle vereint.

Aber welch lodernde Beschwerden höre ich als Priester gegen eine mangelnde Gottesliebe! Oder ich werde Zeuge tiefgreifender Resignation bei den Menschen, die sich von Gott verlassen fühlen. Sie zweifeln nicht nur an der Gottesliebe, sondern an der Gottesexistenz überhaupt, und dann versuche ich ihnen zu helfen: Ist nicht die Tatsache, daß Du lebst, denkst, atmest schon ein Beweis für die Gottheit dahinter? Gott ist keine kulturelle, theologische oder liturgische Größe, sondern als Deine Existenzquelle kannst Du ihn im eigenen Innern erfahren.

Versuche doch einmal meditativ zu beten, zum Beispiel so:

ICH LEBE – DOCH GANZ AUS DIR!

Mein Leben, das ich aus Dir erhalte,
empfinde ich als einen ständigen Zufluß
Deiner göttlichen Liebe.
Dabei erkenne ich,
daß mich mein Weg zu Dir zurückbringen soll,
wobei ich reife und mich in Dir verwirkliche.
Dieser Menschengeist und dieser Menschenleib
sind mir ein klarer Hinweis
auf Deine Anwesenheit in dieser Welt,
aktiv anwesend wirkst Du in allen Bereichen
Deiner Schöpfung.
Segne meine Augen und lehre mich
das Lesen solcher Zeichen,
offenbare Dich in meinem Leben,
führe meinen Geist zu tieferem Betrachten
und laß mich an der Quelle meines eigenen Wesens
immer deutlicher das Deinige erkennen,
damit ich bewußter aus Dir leben kann,
ganz aus Dir!

Das, meine lieben Freunde, nenne ich *Existenzreligion*. Wie sehr wünschte ich es, daß unser Christentum seine Wurzeln im Herzen des Daseins sucht, in unserer Alltagsmitte, auch im Materiellen und Leiblichen! Findet es dort nicht eine besonders dichte Existenzwirklichkeit? Kommt uns von dorther nicht eine besondere Nahrung zu, durch die wir menschlich angehoben werden? Die Gottesliebe, die alles trägt und in der unser eigenes Wesen tief begründet liegt, aus der wir leben, uns bilden und vervollkommnen, bedeutet für mich eine absolute Realität, die über jeden Zweifel erhaben macht. Die Bibel spricht deshalb vom *„Gottesfelsen"*. Ein Fels steht unverrückbar fest, er garantiert sicheren Halt, Gott ist dieser Fels, und er ist unsere Garantie. Ihm können wir vertrauen, denn seine Treue ist wahrlich *„felsenfest"*.

Ich erinnere mich an einen verzweifelten Überlebenskampf im Mittelmeer, als ich, vom alexandrinischen Strand aus hinausschwimmend, ein kleines Felsplateau erreichen wollte. Doch je zügiger ich vorwärtskam, umso weiter schien mein Ziel vor mir zurückzuweichen, und ich hatte einen bösen Krieg mit meiner eigenen Schwäche auszufechten. Der hoffende Blick blieb dabei fest auf das rettende Felsmassiv gerichtet, das von den Wellen abwechselnd ganz verdeckt und wieder freigegeben wurde. Endlich, nach einer Anstrengung und einer Hoffnung sondergleichen, bekam ich Halt. Meine Fingerspitzen berührten einen Vorsprung, ich zog mich heran und hinauf auf das Plateau. Das Dankbarkeitsgefühl gegenüber diesem Felsen, der mir meinen Atem und meinen Frieden wiedergab, war unbeschreiblich groß. Wie gut verstehe ich seit jenem Tag, weshalb Gott unser Fels genannt wird.

Das Ganze war für mich nicht nur ein dramatisches Ereignis, sondern mehr eine spirituelle Erfahrung, und bis heute hat jeder Kontakt mit Felsgestein für mich religiösen Symbolgehalt, er versinnbildlicht mir die Treue Gottes. Er täuscht uns nicht, er vergißt uns nicht, er gibt uns diesen Felsenhalt inmitten des feindlichen Wellenschlags eines schwierigen Daseins zwischen Wellenbergen, die sich so hoch auftürmen können, daß uns alle Sicht genommen wird. Ich hatte es erlebt. Aber der Fels steht dahinter, er ist da, selbst in hoffnungslosen Zeiten ist er da, in der akuten Angst und Not des Menschen ist er da. So real, so felsensicher soll uns die Liebe Gottes sein, meine lieben Freunde, fern aller philosophischen Spekulationen, an die so viele von uns heute intellektuell gewöhnt sind, doch nichts Reales durch sie erleben und erfahren können. Gott bleibt für sie eine abstrakte Idee unter anderen abstrakten Ideen ...

„Jeder aber, der diese meine Worte hört und nach ihnen handelt, ist einem klugen Manne gleich: Er hat sein Haus auf einen Felsen aufgebaut. Platzregen strömte nieder, die Fluten kamen, die Stürme brausten und tobten gegen jenes Haus, aber es fiel nicht ein, denn festgegründet stand es auf dem Felsen."
(Matthäus 7,24–25)

Mit diesen und anderen Vergleichen kann man seine Meditation über die Gottesliebe nähren. Ich denke auch an jene seltsamen Hotelbauten im Libanon, die man aus dem schönen, mehrfarbigen Felsgestein herausgeschnitten hat, und die ich mir aus diesem Grunde lange Zeit betrachtet habe, ihr Anblick wurde mir zur sinnbildlichen Erfahrung. Ich weiß nicht, wie ich es nennen soll, was ich angesichts eines Felsens empfinde, denn immer sind es zwei Erfahrungen gleichzeitig: Ich nehme das Physische in seiner ganzen Stärke wahr und zugleich etwas höchst Mystisches. Beides.

Gott im Zentrum der Materie

Wenn Gott das Herz aller Dinge ist und der Grund allen Seins, und, da die sichtbare Welt um uns eine stoffliche ist, können wir Gott dann nicht in der Mitte dieser Weltmaterie finden, im Nächstliegendsten, im Greifbarsten, im Materiellen?

Im Gegensatz zum antiken manichäischen Weltbild, für das alle Materie schlechthin das Element des Bösen war, gibt die christliche Sicht der Materie einen zentralen Platz mit entschieden positiver Rolle im Weltgeschehen. Wie Sie wissen, verkündete der Manichäismus zwei Götter gegeneinander, den Gott des Guten an der Quelle alles Geistigen, und den Gott des Bösen und Schlechten am Ursprung des materiellen Universums. Von diesem Konzept ausgehend, teilte man unsere Welt in einen spirituellen Bereich, das Werk des guten Gottes, und in einen materiellen, das Werk des andern, des Bösen. Gott und Widergott, seit Anbeginn stehen sie im Konflikt miteinander und erklären uns alle Spannungen im innern und äußeren Bereich von Welt und Mensch. Mani, ein Mann aus Vorderasien, war im 3. Jahrhundert der Gründer dieser materiefeindlichen und dualistischen Philosophie gewesen.

Durch das Christentum erfährt die Materie eine sehr erhebliche Aufwertung. Sie wird zum Sinnträger, sie wird als „gut" erachtet und in ihrer Substanz als wertvoll! Dafür gibt es zahlreiche Begründungen:

1. Die Materie ist das Werk des EINEN und ewig schaffenden Gottes.

2. Aus dieser gottgeschaffenen Materie ist der Mensch hervorgegangen, er ist stofflicher Natur. Das lateinische Wort „homo" (Mensch) kommt von „humus" (Erde), desgleichen bedeuten das hebräische „adamah" und das arabische „adim" Erde. Homo, humus und Adam haben dieselbe Wurzel, denselben Ursprung.

3. Gott, der Schöpfer dieser kosmischen Urmaterie und des lebendigen Menschen, den er aus dieser Substanz nahm, ist in eigener Person in sie eingetreten, um sie mit seinem göttlichen Wesen zu durchtränken – die Stunde der Inkarnation: *„Und das Wort ist Fleisch geworden ..."* (Johannes 1,14)

4. Während der Feier der Eucharistie, welche die Fortsetzung der Inkarnation bedeutet, bedient sich Gott des materiellen Brotes, um sich uns Menschen hinzugeben: *„Nehmet hin, das ist mein Leib."* (Markus 14,22)

5. Auch an der Auferstehung Christi ist die Materie beteiligt. Christus hat die Materie auf endgültige Weise auf sich genommen und beibehalten. *„Betastet mich und überzeugt euch. Ein Gespenst hat doch nicht Fleisch und Bein, wie ihr an mir seht."* (Lukas 24,39)

6. Christi Himmelfahrt bedeutet den Eintritt unserer Weltmaterie ins Gottesreich, um dort definitiv vergöttlicht und verewigt zu werden: *„Wenn ich von der Erde erhöht bin, werde ich alle an mich ziehen."* (Johannes 12,32)

7. Und schließlich wird die Materie, die uns Menschen bildet, an unserer eigenen Auferstehung teilhaben und an unserem ewigen Leben. Ich glaube an die Auferweckung des Leibes. Ich glaube nicht nur an die Unsterblichkeit unserer Seele, sondern auch an die Auferstehung des Fleisches. *„Wenn der Geist dessen in euch wohnt, der Jesus von den Toten auferweckt hat, so wird er*

auch eure sterblichen Leiber auferwecken durch seinen Geist, der in euch wohnt." (Römer 8,11).

Das Christentum, Religion der Menschwerdung Gottes, nimmt demnach der Materie gegenüber eine entschieden freundliche und optimistische Haltung ein. Meine lieben Freunde, ich möchte Ihnen deshalb nahelegen, mittels existentieller Erfahrungen gelegentlich bewußten Kontakt mit der Materie aufzunehmen, um ihre Schönheit, ihre Stärke, ihre Erhabenheit zu entdecken – den religiösen Aspekt der Materie.

Die moderne Wissenschaft hat uns unermeßliche Energien im Zentrum der Materie offenbart, einen Energiereichtum, der völlig unvorstellbar ist. Ein kleiner Stein in meiner Hand enthält das Energiepotential, um eine Millionenstadt für mehrere Tage in Funktion zu halten, und wir fragen uns: *„Woher stammt eine solche Kraft, versteckt im Zentrum der Materie?"* Aus Gott natürlich! Aus ihm stammt alle Energie, auch die Energie der Materie. Und Gott selbst ist diese Kohäsion im Innern des winzigen Atomkerns, die verhindert, daß dieser zerfällt und die Materie sich auflöst, denn es bestehen ja zwei gegeneinanderwirkende Kräfte im Zentrum der Materie, eine anziehende und eine abstoßende Kraft.

Ich möchte hier keine Vorlesung über Kernphysik halten, sondern bringe nur einfache Dinge in Erinnerung, die allgemein bekannt sind, um diese dann in das Thema unseres heutigen Vortrags zu integrieren. Alle Materie setzt sich aus Atomen zusammen, und das Atom besteht aus einem Kern, den die Elektronen umkreisen. Die Entfernung zwischen Kern und Elektronen ist enorm, sie entspricht etwa dem Entfernungsverhältnis zwischen der Sonne und ihren Planeten, weshalb unsere Astrophysiker vom *„leeren Weltall"* sprechen. Auch im Innern des Mikrokosmos regiert diese ungeheure Leere, weil das Gesamtgewicht der Materie allein vom Atomkern bestritten wird, der die Materie im reinen Zustand bildet. Der Atomkern selbst besteht aus Protonen oder positiven Elementarteilchen, die sich, da positiv, voneinander entfernen wollen. Doch trotz dieser Kraft einer natürlichen Abstoßung beobachten wir die Koexistenz dieser positiven Teilchen im Atomkern – und staunen! Sie sind in ihrem Kompressionszustand auf ganz außerordentliche Weise miteinander vereint, innig vereint wie ein menschliches Liebespaar, und das ist das Wunder des Mikrokosmos! Es ist das Wunder der siegenden Vereinigung trotz aller Widerstände. Wie ist es möglich, daß diese Teilchen dennoch in dieser sicheren Einheit zusammengehalten werden? Wodurch? Es ist die berühmte Kernenergie, eine Einigungskraft, die stärker ist und der natürlichen Abstoßung überlegen. Aus dieser Tatsache dürfen wir ableiten, daß im Universum die Energie der Anziehung, der Vereinigung und Verschmelzung unendliche Male stärker ist als die Energie der Abstoßung, Zersplitterung oder Auflösung. Nein, die Welt verliert nichts, sondern sie sammelt ein, sie baut an etwas, sie eint und vereint die Teile zum Ganzen.

So finden wir im Wirkungsfeld der Weltmaterie und eingeschrieben in ihr Innerstes ein verstecktes Geheimnis, das uns Bewunderung abverlangt und zur Anbetung mahnt: Herr, wie bringst Du es fertig, die Elementarteilchen trotz ihres Widerstandes zusammenzuhalten und sie durch diese seltsam starke Energie zu vereinen? Für mich ist das *„Materiewunder"* ein Zeichen, so wie die Natur voller Zeichen ist, die wir lesen sollen. Für mich bedeutet es das stärkste Hoffnungsprinzip der Existenz, denn Deine Materie ruft es uns entgegen, sie verkündet, daß sich eines Tages die *Liebe* als höchste Macht des Universums erweisen wird, ja, das glaube ich! Trotz aller Zwietracht und allen Hasses gegeneinander, trotz aller Ängste, Sorgen und Tränen der Menschen glaube ich es! Trotz der anhaltenden Spannung zwischen den Völkern und Rassen, trotz der Kriege und Kämpfe, die noch immer stattfinden, glaube ich, daß die Stunde schlagen wird, in der die *Liebe* siegt, weil Du sie uns in den Urstoff der Welt, in die Materie, eingegeben hast. Das letzte Wort hast Du seit Anbeginn der *Liebe* gegeben.

Auch in unserem menschlichen Dasein beobachten wir zwei sich gegenüberstehende Energien, die eine des stark ausgeprägten Unabhängigkeitsdranges, des Oppositionswillens, des Wegstrebens voneinander und eine zweite Energie, die wesentlich stärker ist als die erste und die uns in der Tiefe vereint, wir haben sie *Liebe* genannt. Auch hier nehme ich ein Wunder wahr. Wir tausendmal eigensinnigen Individualisten und Nationalisten sind letzten Endes doch imstande miteinander auszukommen, und, trotz scharfer Differenzen, bauen wir jetzt gemeinsam an unserer Weltgemeinschaft.

Gerade dann, wenn junge Menschen ihren Freiheitswillen entdeckt haben, wenn sie vehement und kompromißlos Selbständigkeit für Tun und Denken fordern, kommt der Tag, an dem sie einen anderen bisher unbekannten Stoß von innen erfahren – der Sexualtrieb beginnt sich zu regen und treibt die Geschlechter zueinander. Und diese sich in ihnen immer mehr entfaltende Energie ist wiederum stärker als alles bisher so lautstark Verkündete, denn schließlich opfern sie freiwillig ihre ersehnte Freiheit und machen sie dem geliebten Wesen zum Geschenk. Hier offenbart sich für mich eine ganze Philosophie der Materie, in der sich uns, wenn wir gut darüber nachdenken, selbst das Gottesgeheimnis enthüllt.

Denn so, wie es im winzigen Atomkern zugeht, wie sich dort zwei Kräfte, zwei Pole gegenüberstehen, die aber vereint werden durch die Kernenergie, so leben auch in der Dreifaltigkeit der Vater mit dem Sohn vereint durch den Geist, der diese Kohäsionskraft im Herzen der Gottheit bildet. Wird uns hier nicht gezeigt, daß sich das Mysterium der Dreifaltigkeit bis *„hinab"* ins Herz der Materie spiegelt? Auch dort gibt es Pol und Gegenpol vereint durch eine Energie, desgleichen lebt auch der Vater mit dem Sohn vereint in der Kraft des Geistes. Man irrt, wenn man die Dreifaltigkeit als gleichschenkeliges Dreieck darstellt, denn es sind nur zwei, der Geist tritt nicht als drittes Element hinzu, sondern bildet deren Einheit, deren gegenseitige Liebe.

Die Atomenergie, wir wissen es längst, ist von solch unvorstellbarer, ja *„übernatürlicher"* Kraft, daß sie uns die Gottesfurcht lehrt. Und sie ist mir ein Hinweis auf die unendliche Größe und Freizügigkeit Gottes, der die Welt nicht mit geiziger Hand geschaffen hat, sondern im Überschwang des Grenzenlosen. Wenn wir Menschen heute weltweit von Katastrophenängsten wegen Energiemangel geplagt und gejagt werden, dann frage ich mich manchmal, ob wir eigentlich wissen, wer Gott ist. Er hat die Welt mit einem Kontingent an Energie versorgt, dessen Potential uns nicht einmal annähernd bekannt oder gar errechenbar ist. Milliarden und Billionen Kilowatt beziehen wir von der Sonne, die wir für Jahrhunderte speichern könnten. Wir sind schon auf dem Wege, die Sonne zum regulären Einsatz zu bringen, Wind und Meer liefern ihrerseits Strom, viel Neues bahnt sich an. Wohin wir schauen, wenn wir wirklich sehen wollen, ein Überangebot an natürlichen Quellen, ein *„himmlischer"* Energievorrat, dessen Spender uns mahnt: *„Ängstige dich nicht, du Kleingläubiger! Die Welt, die ich dir schuf, verfügt über unerschöpfliche Energiefelder, die du, eines nach dem andern, aufspüren wirst und lernen wirst handzu-*

haben. Als unversiegbare Quelle habe ich sie ins Atom gelegt, in die Sonnenwärme für deinen kleinen Planeten und überall in die interstellare Materie meines Weltalls. Nichts wird dir mangeln, nichts soll dir fehlen."

Die Quantität dieser in den Kosmos hineingestreuten Materie, von der uns die Wissenschaftler berichten, übersteigt trotz ihrer Entfernung untereinander im leeren Weltall unser Fassungsvermögen grundsätzlich. Allein in unserer Heimat-Galaxie gibt es 200 bis 300 Milliarden Sterne. Bei solchen Zahlen, die laufend variieren, da sie immer größer werden, stehen uns die Haare zu Berge, und man möchte Gott fragen: *"Um Himmels willen, warum hast Du ein so unüberschaubares Weltall geschaffen und Dich nicht mit einer Sonne und ihren neun Planeten zufrieden gegeben, was uns doch vollkommen genügen würde!"* ... Wenn man als Laie die letzten Angaben über astronomische Berechnungen liest, dann versagen einem die Augen. Lichtjahre addieren sich zu Lichtjahren, mit denen der Mensch versucht, die Unendlichkeit auszumessen, aber es öffnet sich immer nur eine neue Weltszene hinter der andern. Wozu dieses Ausmaß, wozu dieses Unmaß? Warum diese schreckenerregende Tiefe des Raumes? Worin gründet diese unendliche Fülle der Existenz? Sie gründet in Gott, denn er selbst ist diese Fülle und diese Verschwendung in seiner göttlichen Geste der unbegrenzten Gnadengabe der Schöpfung.

*„Gesegnet seist du, universelle Materie,
grenzenlose Dauer, uferloser Äther,
dreifacher Abgrund der Sterne,
der Atome und der Generationen –
du, die du, unsere engen Maße überflutend
und auflösend,
uns die Dimensionen Gottes offenbarst."*
(Teilhard de Chardin, „Hymne an die Materie")

Und nun zum biologischen Leib. Unsere Epoche nennt man eine materialistische Epoche, weil wir die Struktur der Materie ausforschen und berechnen und damit auch unseren eigenen Körper, für alles fixieren wir die Werte. Wenn wir hier aber nicht achtgeben, dann lösen sich diese Werte rasch aus der christlichen Schau der Dinge und führen allein ein Dasein. Weil sie aus dem Zusammenhang genommen werden, können sie auch nur im Detail betrachtet werden, und ein Teilverständnis kann nur die Folge sein. Sehr stark stecken wir noch immer im antiken Weltbild Platos, der das Sein unterschied in eine Ideenwelt, die er als göttlich auswies und in eine körperlich-materielle, die er niedrig, wenn nicht verachtenswert nannte. Augustinus hat viel vom platonischen Gedankengut übernommen und in die christliche Lehre einfließen lassen – das Nein zum Leib, das Nein zur Materie, ein Plädoyer also für die notwendige Weltentsagung, um ins Reich des Geistes aufsteigen zu können.

Leider gilt es vielfach noch bis in die heutigen

Tage als das Idealbild geistlichen Lebens, ein *„engelreines"* Leben zu führen. Ignatius von Loyola schrieb für die Jesuiten etwa 20 Ordensregeln zum Gehorsamsgelübde und etwa 12 zum Armutsgelübde, doch zum Keuschheitsgelübde hatte er nicht viel zu sagen, das sei nicht notwendig, meinte er und erschöpfte sich nahezu in der Bemerkung: Unsere Keuschheit bedarf keiner weiteren Erklärung, denn wir haben ja für die Reinheit an Leib und Seele die Engel zum Vorbild. Pascal hat uns hier Vorsicht geboten, er warnte davor, die Angelologie auf den Menschen zu übertragen: *„Der Mensch ist weder Engel noch Tier, aber das Unglück will es, daß er, wenn er sich zum Engel erheben will, zum Tier wird."*

Ich bin als Geistlicher keineswegs sicher, ob unsere Reinheit eine Engelsreinheit zu sein hat. Wir sind Menschen, und unsere Reinheit sollte eine menschliche sein. Was weiß ich denn, wie ein Engel lebt? Nichts weiß ich von seiner Reinheit, mir fehlt dazu jeglicher Hinweis und jede Erfahrung. Wir Menschen haben einen Leib bekommen, und unsere oft so verteufelte materialistische Epoche hat immerhin gewisse Dimensionen erschlossen und Lebenswerte neu entdeckt, durch die wir vielleicht erst vollständig zum christlichen Glaubensverständnis finden können. Die Zahl spiritueller Bücher, die heute positiv vom menschlichen Körper und von den naturwissenschaftlich enträtselten Materiegeheimnissen sprechen, ist ungeheuer. Ich meine, das ist kein flüchtiges Phänomen unserer Zeit, sondern zeigt das ernste Bemühen um eine Rückkehr zu den Quellen und damit zum wahren Sinn der Menschwerdung Gottes, der Inkarnation.

Denn die Materie hat eine Aufgabe, sie verfolgt ein Ziel. Welches aber? Will sie nicht Instrument und Dienerin des Geistes sein? Ist sie nicht die Substanz, aus der dieser Geist seine Energie bezieht und damit seine vielfältigen Möglichkeiten, wodurch sich die Materie ihrerseits verwirklicht? Ja, die Materie verfolgt dieses Doppelziel, dem Leben und dem Geist Nahrung zuzuführen und beiden zu dienen.

Ein Beispiel, ein Zeichen aus der Natur, ist für mich der Baum. Tief ins Erdreich gräbt er seine Wurzeln, dorthin, wo er eine solide Grundlage für Leben und Wachstum findet. Einwurzelung bedeutet Halt, Festigkeit suchen, Sicherheit schaffen. Es bedeutet noch mehr: Der Baum, der seine Wurzeln in die Erde einläßt, um ihre Mineralstoffe zu absorbieren, *„zieht den steinigen Boden an, um eine schöne Zeder zu werden zur Verherrlichung Gottes"*. Ein herrlicher Gedanke von Saint-Exupéry, eine Hymne, ein Gotteslob! So wie der Priester am Altar steht und seine Arme über dem Brot und dem Wein ausbreitet, um beides dann in einer Geste des Dankes emporzuheben und dem Himmel darzureichen, so steht auch sie da, diese Zeder. Mit ihren weitausgeschwungenen Zweigen steht sie da und verwandelt Tag und Nacht Erdsubstanzen in ein Dankgebet unter der Form ihrer Schönheit. Die Erdmaterie hat die Funktion, biologisches und *„höheres"* Leben zu schaffen und es wachstumsstärkend zu nähren. Sie bildet die notwendigen Stoffe, die sich greifen, nehmen und wandeln lassen in etwas Größeres als sie selbst ist. Alles ist Wandlungsgeschehen zum Höheren, alles will und soll transzendieren.

Die Erde ist demnach eine Fabrik, in der das *Gottesreich* entsteht. Mit der Weltsicht Teilhard de Chardins können wir sagen: Wenn die Erde einmal ihre Seele ganz freigegeben haben wird und ihre Substanzen verbraucht sind, wenn alles Leben aus der Materie gewonnen und ihre Möglichkeiten erschöpft sind, wenn der Mensch von der Natur erhalten haben wird, was für ihn notwendig war, um zum Geistmenschen aufzusteigen (vergessen wir nicht das Bild der Zeder!), dann wird das Ende in der Vollendung kommen, dann bricht das *Gottesreich* an. Das *Gottesreich* verwirklicht sich in der Stunde, in der das große Verwandlungswerk unserer Welt ans Ziel gelangt – die *Vergeistigung der Materie*. Wenn die Metamorphose der Materie vollbracht sein wird, weil ihre stofflichen Energien über diverse Stufen zu Geist sublimiert wurden und die Erde endlich ihr letztes Geheimnis preisgeben kann, dann ist die Stunde des Weltendes da und das *ewige Gottesreich* beginnt. *„Ich grüße dich, Materie, unerschöpfliche Verwandlungsfähigkeit des Seins, in der die erwählte Substanz keimt und wächst ..."* – eine weitere Zeile aus der „Hymne an die Materie" von Teilhard de Chardin. Zur Verdeutlichung dieses Prozesses hier einen Erlebnisbericht:

Ich hatte an einem Wochenende in Alexandria wieder einmal vor Jugendlichen gesprochen und versucht, ihnen verständlich zu machen, wie der Mensch bei seiner Tagesarbeit die materiellen Substanzen in die Sphäre des Geistes erhebt, sodaß in diesem Sinne jeder arbeitende Mensch, ganz gleich wer er ist, durch diesen Verwandlungsprozeß einen religiösen Akt vollzieht. Einige Monate später machte einer dieser jungen Männer als Chemiestudent bei den Bayer-Werken in Deutschland ein Praktikum. Von dort schrieb er an seine Verlobte in Ägypten etwa das Folgende:

„Plötzlich ist es mir klargeworden, es ist phantastisch! ... Ich sitze hier in meinem Labor mit all den Gefäßen und Schalen und mit den blauen, roten und gelben Mineralien. Indem ich sie in bestimmter Weise kombiniere, mische und verkoche, muß ich an die Worte Pater Boulads denken.

Ja, ich fühle mich als Priester, der hier seine Messe feiert, indem ich die Substanzen der Erde in den Leib Christi wandle, der ja die Menschheit ist. Die Medikamente, die ich bereite, werden sich in neue Lebenskraft für Tausende wandeln, d.h. in eine Energie, die mittels des Menschen den Leib Christi aufbaut.

Ich erlebe mich hier beim Vollzug dieses Weiheaktes: Mein kleiner Labortisch wird mir zum Altar, meine Glasgefäße zum Kelch und die Schalen zur Opferschale. Meine Arbeit nimmt wahrhaftig teil an der Verwirklichung dieser Welt, an ihrem Verwandlungsakt in eine lebende Hostie zur Verherrlichung Gottes."

Als das junge Mädchen mir diesen Brief gebracht und ich ihn gelesen hatte, empfand ich eine unaussprechliche Freude. Ich hatte demnach Erfolg gehabt. Dieser junge Chemiker lebt seinen christlichen Glauben im Alltag, im Beruf, er lebt die *Existenzreligion,* und wie gut er sie lebt! Seine Berufsarbeit wird ihm zum Tagesgebet, weil er sie als einen religiösen Akt begreift.

Nicht nur der Chemiker wandelt, sondern jeder Mensch durch seine Arbeit. Arbeit ist immer Wandlung, wobei sie – wenn man sie bis an ihr Ende verfolgt – teilnimmt am Aufstieg ins Geistige. Kein Unterschied zwischen einem Chemiker und einer Köchin, die uns die unverarbeiteten Lebensmittel genießbar macht, sie verwandelt Rohstoffe der Erde in ein bekömmliches und schmackhaftes Menü, das uns aufbauen soll – physisch und geistig. Auch hier ein Verwandlungsprozeß, ein Weiheakt, eine Transsubstantiation. Dieses Wort heißt im Kirchenlatein *„Übergang der Substanz"* gemeint ist die Wandlung der Brot- und Weinsubstanzen in die Substanzen von Leib und Blut des verklärten Christus. Aber in jeder Küche geschieht ein Verwandlungsprozeß wie der einer Eucharistie! Jede Hausfrau verwandelt die Dinge zum Besseren, denn das, was sie für ihre Familie als Mahl bereitet, wird sich in leibliche Gesundheit, aber auch in seelische und geistige Kraft, in Freude und Liebe wandeln. Diese unendlichen Möglichkeiten eines Aufstiegs des Lebens liegen im Innern der Materie verborgen, in ihr wartet letztendlich die *Liebe* auf uns.

Auch das Feuer ist materielle Energie und darüber hinaus so viel mehr! In der Osternacht entspringt es dem abgestorbenen Holz, lodert triumphierend empor und erleuchtet das Umfeld, in dem wir miteinander stehen. Dem Dunkel der Materie entweicht die kleine Flamme, die schon unsere Vorfahren den harten Feuersteinen entlockt haben. In der augenscheinlich toten Materie liegt ein Feuer versteckt – und ein Licht, das Immateriellste der Schöpfung, seit jeher Symbol für die geistige Welt, für die Gotteswelt. Der totalen Finsternis entspringt es, dem Härtesten und Dichtesten, einem leblosen Stein, der aber über ein Heiligtum verfügt, in dem die Ewige Flamme brennt.

Zu Steinen habe ich ein besonderes Verhältnis, besonders mit den runden, glatten kann ich gut beten, sie werden in meiner Hand wie alles Kreis- und Kugelförmige zum Sinnbild der Vollkommenheit. Gegen Außenattacken zeigen sie Härte und Widerstand, und sie haben ihre eigene Schwere. Wägen Sie einen Stein in Ihrer Hand! Fühlen Sie die Dichte der Materie, ihre Konsistenz, ihre Resistenz! Streichen Sie bewußt über die Oberfläche eines Steins, denn ich möchte Sie anregen, anhand Ihres Tastsinns, das zu entdecken, was ich *„religiöse Sinnlichkeit"* nenne. Jahrhundertelang galt das Wort Sinnlichkeit den Frommen als etwas Schauderhaftes, etwas Furchtbares, sie sahen in allem Sinnlichen die Spezialwaffe des Teufels, sein Instrument par excellence, um die Menschen einzufangen und zu fesseln. Doch in der rechtmäßigen Perspektive der Menschwerdung Gottes gesehen, aus der man nichts

Materielles und nichts Leibliches ausklammern kann, in der man hingegen erkennt, daß alles dem Aufbau des neuen Menschen dient, muß auch die Sinnlichkeit ihre Stellung im Ganzen erhalten und in unserem spirituellen Leben sogar einen besonderen Platz.

Der Tastsinn ist vermutlich unser reichster Sinn, weil der Mensch mit ihm Totalerfahrungen machen kann. Er ist auch unser *„gefährlichster"* Sinn, weil er uns unsere Körperlichkeit in allem Umfang erkennen läßt und wir ihr unter Umständen verhaftet bleiben könnten. Der Tastsinn ist der erste und der ursprünglichste Sinn des Menschen. Die Urtierchen experimentierten und kommunizierten ausschließlich per Tastsinn, der primitive Organismus nahm nur Fühlkontakt mit seiner Umwelt auf, und dieser Tastsinn vereinte in sich als Ursinn die erst viel später erscheinenden weiteren Sinne bei der fortschreitenden Evolution – Riechen, Schmecken, Hören, Sehen. Weshalb also nicht versuchen, diesen Ursinn in unser spirituelles Leben und in unsere Gebetspraxis hineinzunehmen, um eine *Existenzreligion* zu leben?

Auf diese Weise könnten wir die christliche Spiritualität beachtlich verdichten. Wir würden elementare Erfahrungen machen, von denen wir existentiell betroffen wären, und diese würden uns näher an das Geheimnis der Materie heranführen, wo sich uns schließlich die Gottheit zeigt. Die Materie hält für uns eine geistige Botschaft bereit, die wir freilich mit Augen und Ohren erfassen können, doch weit besser noch mit unseren Händen. Wir wissen, daß die Blinden unter uns einen extrem feinen Tastsinn entwickelt haben, über den kein Sehender verfügt, also kann man diesen Sinn entwickeln. Wer kleine Kinder hat, sollte deshalb bestimmte Spiele mit ihnen üben, um diese wichtige Form sinnlicher Wahrnehmung zu schulen und verstehen zu lernen. Alle Materie, die wir tastend berühren, ist Trägerin einer besonderen Botschaft, um unser inneres Wesen mit zu gestalten, um unsere Reifungsvorgänge und geistige Bewußtwerdung zu fördern.

Nehmen wir, um ein anderes Beispiel zu nennen, das Wasser als Urmaterie, das perlfrische Wasser, das mich kühlt, reinigt, labt oder in dem ich ganz untertauchte, auch das einfache Leitungswasser, über das sich kein Mensch mehr Gedanken macht, und das uns doch Tag für Tag über die Hände fließt. Reich ist auch hier der Bedeutungsinhalt, und ein sinnlicher Tastkontakt in voller Bewußtheit kann zur religiösen Erfahrung werden. Nehmen wir uns doch Zeit für solche wichtigen Dinge, meine lieben Freunde! Versuchen wir auch hier die Botschaft zu entschlüsseln! Denn wieder ist es die leblose Materie, die sich für uns wandelt in das große Mysterium von Leben und Auferstehung. Nicht umsonst hat Christus das Wasser gewählt als Mittel für die Neugeburt des Menschen:

*„Wer nicht aus Wasser und Geist geboren ist,
kann nicht in das Reich Gottes eingehen."*
(Johannes 3,5)

*„Wer Durst hat, der komme zu mir und trinke!
Wer an mich glaubt, aus dessen Leib
werden Ströme lebendigen Wassers fließen."*
(Johannes 7,37–38)

Das Wasser als Gnadenmittel Christi, oder das Quellwasser als Urbild für die unversiegbaren Kräfte ständiger Erneuerung. Wir denken auch an das Taufwasser, das Weihwasser, an wundertätige Heilwasser, an religiöse Reinigungsriten in den verschiedenen Religionen. Das Thema „Wasser" zieht sich durch unsere Bibel von der Urflut der Schöpfungsstunde bis zu den heiligen Flüssen des Lebenswassers im himmlischen Jerusalem unserer Zukunft. Es gibt Fachwörterbücher der biblischen Theologie, welche das Thema „Wasser" über mehrere Seiten auszuschöpfen suchen und es symbolgeschichtlich erschließen. Praktisch verstehen wir es aber am besten anhand unserer persönlichen, existentiellen Erfahrungen, d.h. mit Leib und allen Sinnen, denn die geistige Botschaft des Wassers ist zunächst an seine materielle Botschaft gebunden, sie geht voraus. Bedeutungstiefe und Weite eines Symbols gehen dem Menschen erst dann auf, wenn er das materielle Wesen dieses Gegenstandes kennt, wenn er ihn in seiner ganzen Stofflichkeit einmal *„begriffen"* hat.

Auch der Regen gehört hierher, ein Naturphänomen, das mich immer wieder packt, besonders wenn er stark und derb niedergeht. Es gibt Völker, die im Regen herumspringen, lachen, singen und tanzen, weil dieses *„Himmelswasser"* ihnen ein Zeichen ist, das sie zu lesen verstehen.

Auch auf eine existentielle Erfahrung des Menschen beim Kontakt mit der Erde möchte ich hinweisen. Die Erde erscheint dem Menschen seit alter Zeit als Ort der Sicherheit und Geborgenheit gegenüber dem heimtückischen Meer mit seinen gefährlichen Launen, weshalb es als Symbol des Bösen gegolten hatte. Der Schöpfungsmythos preist jedoch gleich zu Beginn die ordnende Hand Gottes, die der Erde gegenüber den Wassern der Urflut Überlegenheit schenkt, Ordnung und Halt gegenüber dem Chaos. Die Siegeslegende vom Durchzug des Gottesvolkes durch das Rote Meer will ähnliches sagen, und später schreitet Christus auf dem Wasser, besiegt es damit und befiehlt seinem Jünger, dasselbe zu tun. Damit will er offenbar werden lassen, daß eine wahrhaft göttliche Kraft im Menschen anwesend ist, die ihn befähigt, die dämonischen Mächte dieser Welt zu bezwingen und im Leben *„sicher zu gehen"*.

Mittels der Erde unter uns können spirituelle Erfahrungen gemacht werden, und dann leben wir die *Existenzreligion*. Es könnte so aussehen: Gelegentlich schlafen wir auf dem bloßen Erdboden, um einen Erdkontakt zu bekommen. Oder wir prüfen einmal neugierig die Härte des Weges, auf dem wir draußen im Freien umhergehen. Auf vielerlei Weise kann man Fühlkontakt mit der Erde aufnehmen, auch gedanklich beim Anlegen am erdigen Ufer nach einer Bootsfahrt oder im Augenblick der Landung nach langem Flug. Laßt uns mehr bewußt werden über das, was wir leben und was mit uns geschieht!

Ich habe mit einer Exerzitiengruppe draußen in der Wüste bei Kairo einmal diesen existentiellen Erdkontakt geübt, und es ist für uns alle bereichernd gewesen. Während einer Nacht haben wir zusammen auf dem erdigen Boden unter freiem Sternenhimmel geschlafen, um gewisse Dinge besser begreifen zu lernen. Es gibt ja auch klösterliche Gebetsformen, die darin bestehen, mit Gesicht und Leib am Boden liegend zu beten. In der großen Kapelle von Taizé finden Sie heute Jugendliche aus aller Welt in dieser Haltung vereint, und ich bin der Meinung, auch wir sollten uns gelegentlich darin üben. Wenn die Erde unter mir atmet, dann erlebe ich die Ureinheit wieder, denn *ich bin eins mit ihr*. Dabei wurde ich einmal zu einem sehr schlichten Gebet wie dem folgenden inspiriert:

ERDE...

Erde, von der ich genommen bin
und zu der ich zurückkehren werde,
ich bin ein Teil von dir,
du bist ein Teil von mir,
wir sind eins.

Es muß einen Sinn haben,
daß man dich unsere Mutter nennt,
die Mutter alles Lebendigen.
Ja, du bist meine Mutter,
ich entstamme deinem Leib,
ich entstamme deinem Wesen,
wir sind eins.

Gebärende und Nährende der Menschen!
Aus dir bin ich geworden,
und noch immer sorgst du für mein Wohl
mit deinen Substanzen.
Wir leben vom selben Stoff,
wir bilden denselben Leib,
wir sind eins.

Stark hältst du mich in deinen Armen
und gern gebe ich mich dir hin,
wir bleiben eins.

Erfahrungen dieser Art kann der Mensch machen, wenn er in der rechten Verfassung einem Erdkontakt zustimmt. Keineswegs handelt es sich hier nur um schöne Erlebnisse in der freien Natur, sondern um spirituelle Übungen, die dem Menschen sehr viel mehr geben werden, weil sie ihn auf seiner geistigen Wachstumsstrecke voranbringen. Ein solches Gebet mahnt mich, daß der Mensch grundsätzlich aus Materie besteht, und, wenn ich mit dem Gesicht zur Erde liege, finde ich meine Herkunft wieder und erkenne unsere Verbundenheit, die Erde ist meine *„Blutsverwandte"*. Strecken wir uns deshalb einmal hin für den Schlaf einer Nacht, um ihr genügend lange nahe zu sein, dabei werden wir mehr über sie und über uns selbst erfahren.

Diese Ruhestellung und dieser Erdenschlaf können auch als ein Akt der bewußten Ganzhingabe erfahren werden, als Präludium jenes endgültig letzten Aktes unseres Lebens, bei dem wir unseren Leib der Erde ganz überlassen – zuversichtlich wie ein Samenkorn, das dort seine Neugeburt erwartet.

Braucht Gott den Menschen?

"Und wenn ich nicht existieren würde, was dann?" ...
Eine naheliegende Frage, meine lieben Freunde, die sich jeder von uns schon einmal gestellt hat und auf die wir antworten müssen: Nichts dann! Keinerlei Veränderung auf diesem Planeten, der sich in derselben Weise um seine Achse drehte, auch ohne mich. Bin ich demnach die Frucht jenes Augenblicks, in dem sich meine Eltern als junge Menschen irgendwo begegnet sind? Bin ich das Produkt dieses Zufalls? Sie hätten sich auch niemals begegnen können, mich hätte es nicht gegeben, aber die Weltgeschichte wäre dieselbe. Ich spüre, daß ich bei dieser Betrachtung klein und kleiner werde ...

Nun richte ich diese Frage heute auch an Sie, meine lieben Freunde, und ich kann sie nur in ähnlicher Weise beantworten. Bei allem Respekt und bei aller Sympathie, die ich für Sie empfinde, könnte ich mir sehr gut denken, daß es Sie nicht gäbe und niemals geben würde, und daß unsere Menschheitsgeschichte ohne weiteres auch ohne Sie auskäme, wobei ich einen geringen Unterschied nicht bestreiten will, den Ihre Existenz dennoch ausmacht. Im Grunde müssen wir uns aber eingestehen, daß es auch ohne uns ginge, ohne Sie und ohne mich.

Nehmen Sie einmal an, eine Tausend-Megatonnen-Bombe ginge jetzt auf Kairo nieder, und die ägyptische Hauptstadt wäre von der Karte gelöscht. Früher oder später könnte sich das Land aber wieder erholen und würde fortfahren zu existieren. Nehmen Sie aber an, ganz Ägypten würde untergehen, einmal und für immer. Ich glaube, die übrige Welt würde auch ohne die Ägypter auskommen, der Lauf der Welt käme nicht zum Stillstand. Nehmen Sie aber an, der gesamte afrikanische Kontinent würde links und rechts vom Atlantischen und vom Indischen Ozean verschluckt ... ein Kontinent weniger auf diesem Planeten, der aber auch ohne Afrika weiterexistierte. Nehmen Sie aber an, ein Komet kollidierte mit unserer Erde, die dabei in Stücke spränge und zerstiebte. Unser kleiner Planet wäre aus dem All verschwunden, die Menschheit wäre untergegangen, aber die Sonne würde ihren Lauf deshalb nicht ändern, auch die anderen Gestirne würden wie seit Jahrmillionen korrekt auf ihren Bahnen weiterziehen. Nehmen Sie aber an, das Ende der Welt sei gekommen, das gesamte Universum mit allen uns bekannten und unbekannten Galaxien gäbe es nicht mehr, der Rückwärtsschritt vom Sein zum Nichtsein hätte mit einem Schlage stattgefunden.

An diesem Punkt angekommen können wir auch anders fragen: Wenn Gott für sich entschieden hätte, niemals etwas zu erschaffen, was dann? Keine Blume, keinen Wassertropfen, keinen Menschen, keine Milchstraße, in den Tiefen der Räume waltete das absolute und zeitlose Nichts, herrschten Finsternis und ewige Stille. Wäre uns das vorstellbar? Aber ja! Doch schaudernd stehen wir vor dieser Möglichkeit, die Idee eines universalen Nichts erfüllt uns mit Schrecken. Sehr viel leichter ist es, sich seine persönliche Nicht-Existenz vorzustellen, diese Tatsache erschreckt nicht, weil das Leben an sich ja dasselbe wäre. Das mögliche Nichtsein von Licht und Universum ist uns aber eine Wahnsinnsvision, und ich sage sogleich: Gott sei Dank und glücklicherweise gibt es die Existenz, gibt es Sie alle und gibt es mich.

Solche Überlegungen führen den Menschen zu tieferen Daseinsfragen, und er kommt zu dem Schluß: Ein Anrecht auf meine Existenz habe ich nicht. Und in diesem Bewußtsein, daß es ebenso auch nichts geben könnte, keine Welt und keine Person, muß der Nachdenkliche sich sagen, daß folglich alles Existierende nicht notwendig ist, sondern zufällig und demnach ohne Sinn und Bedeutung. Jetzt meint er, den blinden Zufall erkannt zu haben und sein eigenes Überflüssigsein. Dieser Schluß führt jedoch noch nicht ans Ende, vielmehr tauchen neue Fragen auf, die letztlich die Gottesexistenz betreffen. Ist Gott denn notwendig, wenn die Schöpfung es nicht ist? Wenn wir alles bezweifeln, weshalb Gott nicht in unsere dunkle Bilanz mit hineinnehmen? Das ist eine logisch berechtigte Frage, und wir bleiben deshalb auf dieser Spur.

Wenn alle Dinge und Wesen dieser Welt völlig unnötigerweise existieren, wie und woher beziehen sie dann ihr Dasein, selbst dann, wenn es nicht notwendig wäre? Dasein und Bestand der Dinge und Wesen müssen nach strikter Logik einen realen Hintergrund haben, aus dem sie heraustreten und aus dem sie weiterhin versorgt werden, um erhalten zu bleiben. Ein geheimes Licht muß dort irgendwo strahlen, ein geistiges Feuer muß dort brennen. Dieses Dahinter oder diese Kernsubstanz im Innern unserer Welt muß unbedingt notwendig da sein, weil sonst nichts entstünde und nichts bestehen bliebe. Ich schließe demnach auf eine höhere Macht, die aufgrund einer uns unbekannten Kommunikation das Sein aus dem Nichtsein hervorgehen ließ, denn es gibt die Welt, in der wir Menschen leben und über all diese Fragen nachdenken. Diese Macht muß mit absoluter Gewähr und mit absoluter Notwendigkeit existieren, wir haben sie den *Schöpfergott* genannt, er besitzt dieses Existenzrecht im Gegensatz zur erschaffenen Welt und Kreatur, weil er ihr notwendiger Erschaffer ist, ihr Ursprung.

Die Tatsache unserer Weltexistenz weist also auf ihre Abhängigkeit von einer Quelle hin, die sie haben muß und aus der sie lebt. Ich wiederhole mich: Diese absolut notwendige Quelle als Ursache bekommt aufgrund ihres lebendigen Wirkens für unser forschendes Denken Existenzberechtigung, Existenznotwendigkeit, Existenzbegründung, weil der eigentlich nicht notwendige Kosmos dennoch existiert. Und noch einmal anders gesagt: Die Existenztatsache der kreatürlichen Welt geht auf die

Notwendigkeit eines Erschaffers zurück, weil die Kreatur eine Herkunft haben muß. Hier finden wir einen der stärksten Beweise für das tätige Gottwesen, dessen gezieltes Wollen hinter allem Geschaffenen eine unmißverständliche Sprache spricht. So komme ich über die Tatsache der *Weltexistenz* zur Tatsache der *Gottesexistenz* und damit zur *Glaubensgewißheit*. Ein großer Heiliger hat einmal gesagt:

*„Herr, es genügt mir schon zu wissen,
daß Du existierst, das erfüllt mich mit Freude!"*

Ich teile diese Freude. Hier sollte man ankommen, bei einer derart einfachen Formulierung der reinen Gewißheit, ganz gleich wer man ist und wo man lebt und unter welchen Umständen. Vielleicht ist das unser erstes Gebot – *Ich weiß, daß Gott ist* – das im Gloria unserer Messe gipfelt:

*„Wir loben Dich, wir preisen Dich,
wir beten Dich an, wir rühmen Dich
und danken Dir,
denn groß ist Deine Herrlichkeit!"*

Das ist unsere *Danksagung,* meine lieben Freunde, Dank, den wir auch außerhalb der Messe denken, beten, fühlen und leben sollen: „Danke, daß Du bist und daß Du Erschaffer bist. Dank Dir gibt es Licht und Leben in Fülle und Überfülle." Dabei wird sich dem Betenden die Antwort Gottes im Herzen regen:

*„Ja, ich bin das Sein und der Fels,
auf dem das Universum ruht
und alle Existenz begründet ist,
das Sichtbare wie das Unsichtbare.
Ich bin auch dein Leben, dein Geist, dein Wesen."*

Bei der echt gelebten *Existenzreligion* geht es vor allem um die Dankbarkeit, und wir sollen auch unseren Mitmenschen dabei helfen, denn es geht um das Aufleuchten der Dankbarkeit in einem menschlichen Herzen, die Dankbarkeit für die eigene Existenz, die Dankbarkeit für die Weltexistenz. Und dann gibt es noch die Dankeshymne des Alls durch den Menschen: Das stumme Universum singt durch den Menschen sein geistliches Lied, wir haben davon gesprochen, daß jeder Mensch Priester der Schöpfung ist. Jeder Mann ist Priester und jede Frau ist Priesterin, unabhängig von einer vorschriftsmäßigen Priesterweihe durch eine kirchliche Institution. In seiner Eigenschaft ein Mensch zu sein und am Schöpfungsgeschehen und dessen Verwandlungsprozessen teilzunehmen, ist der Mensch Priester. Aufrecht steht er einer schweigenden Welt gegenüber, die er mitnimmt in seinem Gotteslob. Franz von Assisi hat das hervorragend verstanden. Sie kennen seinen Sonnenhymnus, in dem die Natur ihren Schöpfer erkennt und ihm lobsingt. Und wieviele Lieder und Psalmen der Bibel strömen aus dem Herzen jener Menschen, die gefühlt haben, daß sie Priester der Schöpfung sind!

Leider leben wir ziemlich unbewußt in den Tag hinein, ohne uns klarzumachen, daß diese Welt eine Gnadengabe ist, ein fortwährender Gottessegen. Wir stellen uns die Nicht-Existenz all der wunderbaren Dinge, die uns umgeben, nicht vor. In den romanischen Sprachen ist das Wort *„Gnade"* mit dem Wort *„Dank, Danksagen"* eng verknüpft: Sprachlich wird erfaßt, daß die Welt als Ganzes eine Gottesgnade ist, für die wir danksagen müssen.

Französisch:	grâce	(Gnade)
	rendre grâce	(Danksagen)
Italienisch:	grazia	(Gnade)
	rendere grazie	(Danksagen)

Alles ist Gnade, und niemand kann sie sich selbst schaffen, sie kann nur empfangen werden.

„Aus seiner Fülle haben wir alle
empfangen Gnade um Gnade"
(Johannes 1,16)

Meine lieben Freunde, Gnadenempfang und Danksagung bilden eine Kreisbewegung, wodurch die Welt an ihre Quelle zurückfindet, ein Geschehen von tiefer Schönheit! Beobachten wir nicht fast überall nur den einen Richtungslauf, weil der Dank konstant ausbleibt? Wen interessiert überhaupt der ursächliche Grund einer Erfahrung der Schönheit, einer erlebten Freude? Wissen Sie, wieviele Menschen den Tieren in ihrem Lebensstil nicht unähnlich sind? Sie schlafen, sie arbeiten und beschaffen sich Nahrung, sie spielen miteinander oder bekämpfen sich, und dann schlafen sie wieder. Warum verlangt es sie nicht nach mehr? Nach einer wirklich vollmenschlichen Existenz? Im Gegensatz zum Tier ist der Mensch ein Geistwesen und zur Gotterkenntnis berufen, und ständig werden uns Zeichen und Impulse gegeben, unseren göttlichen Ursprung zu erforschen und ihn dankbar zu feiern. Es werden uns Hinweise und Wegzeichen gegeben, an unsere Quelle zurückzufinden, aus der wir stammen und aus der die Welt mit uns ihr Leben erhält. Ist nicht das erste aller Gebete, noch vor dem *Vaterunser* oder dem *Ave Maria*, das Forschen der Seele nach ihrer Herkunft und ihr Verlangen, sich mit Gott zu vereinigen, indem sie ihm für alles immer nur danken will? So fühle ich es. Ich fühle, daß die Geste der Dankbarkeit unser erstes Gebot ist. Wer Dank spendet, dankt für die Existenz, und das ist ein priesterliches Tun, welches keineswegs nur uns Christen betrifft, sondern alle Menschen dieser Erde wodurch wir *eins* werden können.

Die wesentliche Haltung dabei ist die *Hingabe*. Warum ist denn die Frau im allgemeinen religiöser als der Mann? Warum fällt ihr das Gebet leichter und gelingt es ihr besser? Vermutlich ist sie psychologisch disponierter für die restlose Hingabe an das, was sie tut, vor allem erlebt sie die Liebe anders als der Mann, sie fühlt, daß Liebe Hingabe ist. Die Frau gibt sich im Gebet hin und läßt Gott in sich ein, ihre

Gottesliebe ist das empfangende Gebet, sie empfängt Gott. Sie weiß: *Alles ist Gnade.* Hingabe also und Dankbarkeit für die Existenz, für das gleichmäßig schlagende Herz und alle Empfindungen, die es registriert und nicht nur für die Erfüllung spezieller Wünsche. *Existentiell* soll unsere Dankbarkeit sein! Wird uns erst die Genesung von einer schweren Krankheit Anlaß zum Danken geben? Warum nicht jeden Tag danken, daß wir Licht und Farben sehen können und den Blick der andern erkennen? Nichts ist selbstverständlich, nichts ist normal, auf nichts haben wir Anspruch, sondern *alles ist Gnade*. Noch heute sollen wir beginnen Dank zu sagen, indem wir dem Spender aller Gaben täglich die Mitteilung machen, daß wir Augen und Ohren für die erhaltenen Gaben haben und ein Herz, das versteht. Das nenne ich das schönste aller Gebete, das ist *Existenzreligion*.

Wenn Sie am Kairoer Straßenverkehr teilnehmen, dann mag es vorkommen, daß das Taxi vor Ihnen mit einem auffällig bunt verschnörkelten Spruchschild besetzt ist:

„HAZA MIN FADL ALLAH"
(Das ist eine Gabe Allahs)

Gemeint ist dieses Auto als Gottesgabe, als Gnade. Der Besitzer hat gewiß lange Zeit hart darauf zugearbeitet, um es sich eines Tages leisten zu können, aber dennoch weiß er den wahren Ursprung zu schätzen: Alles kommt von Allah, *alles ist*

Gnade. Mich beeindruckt diese moslemische Dankeshaltung, und ich lese solche Autoschilder mit großem Vergnügen. Dann denke ich: Warum nicht über das Auto hinaus mich selber miteinschließen in diesen Dank, unser menschliches Sein ist reine Gnade und nicht nur unser Haben. *Existenzwunder* ist deshalb das Schlüsselwort, mit dem ich das bisher Gesagte zusammenfasse, und ich wähle in voller Absicht das Wort *"Wunder"*.

Wie würden Sie sich wundern, wenn ein Blumentopf in Ihrem Zimmer plötzlich vor Ihren Augen das Fliegen lernte, denn an derartige Szenen sind Sie nicht gewöhnt. Erhebt sich aber in Ihrem Garten ein schwacher Keimling langsam aus der Erde, wächst zu einem starken Baum und schwingt seine Äste über das Dach Ihres Hauses, höher und immer höher, dann wundern sich Ihre Augen keineswegs, weil sie an das Wachstumswunder von Bäumen gewöhnt sind, nur deshalb. Sie werden mir sagen, das eine sei unnatürlich, das andere natürlich, das eine unnormal, das andere normal, doch im Grunde ist nichts normal, alles ist ein Wunder, und ein Baumwuchs sowieso, denn aufgrund seiner ständig zunehmenden Schwere müßte er nach dem Gravitationsgesetz eher in der Erde versinken, als in derart triumphierender Weise sich über sie zu erheben. Aber kein Mensch in Ägypten steht im Oktober vor einer flammendrot und zentnerschwer behangenen Dattelpalme und ruft aus: *"Schaut alle her! Ein Wunder ist geschehen! Das war einmal ein schmaler, harter*

Kern von 15 Millimeter Länge!" ... Und das ist eigentlich sehr schade. An dieser Geisteshaltung ehrfürchtigen und gottesnahen Staunens über das *Existenzwunder* mangelt es uns modernen Menschen grundsätzlich. Bei einem gepfefferten Taschenspielertrick applaudieren wir begeistert, wir sind dem geschickten Mann dankbar, weil er uns zum Staunen brachte und bezahlen ihn gern dafür. Gelegentlich staunen wir auch über die rasche Heilung eines Knochenbruchs, doch sind unsere Glieder funktionstüchtig, dann heißt es, das sei normal. Das Wunder, meine ich, ist vielmehr im Gewöhnlichen zu finden als im Ungewöhnlichen. Deshalb mahnen uns die Heiligen, dankbar für *alles* zu sein:

„Wir alle wollen überall und an jedem Ort, zu jeder Stunde und jederzeit, täglich und unablässig, wahrhaftig demütig glauben; im Herzen bewahren und lieben, ehren, anbeten und dienen, loben und benedeien, verherrlichen, hoch erheben und preisen den höchsten und erhabensten ewigen Gott und ihm danksagen." (Franz von Assisi)

Und nun werden wir uns mit dem Warum der Existenz befassen. Auf die Frage warum und wozu der Mensch erschaffen wurde und leben soll, gab es im Alten Katechismus die einfache Antwort: *Um Gott zu verherrlichen, um ihn anzubeten, um ihm Lob zu singen.* Früher wurde diese Antwort leicht wie ein Glas Wasser entgegengenommen und ausgetrunken, doch das ist heute vorbei. Gott anbeten und ihm danken – ja –, doch als Existenzbegründung für den Menschen? ... Weil Gott es angeblich so erwartet, hat man so seiner Eigenliebe geschmeichelt, Gott, der strenge Gebieter mit allzumenschlichen Eigenschaften, der seine Anbeter zur eigenen Genugtuung in Bewegung hält. Mit ihrem frommen Eifer zeigten die Gläubigen ihre Besorgnis, daß Gott sie strafen könnte, wenn sie nicht ein bestimmtes Maß an Gebetslitaneien und Opferakten leisteten. Aber wie kam es, daß wir in dieser Weise von Gottes Herrlichkeit sprachen, wo doch schon um das Jahr 200 ein griechischer Kirchenlehrer und Märtyrer-Bischof gesagt hatte:

„Die Herrlichkeit Gottes ist der lebende Mensch."
(Hl. Irenäus)

Gleich zu Anfang, in der Urkirche, hatte schon alles seinen rechten Sinn bekommen: Die Herrlichkeit Gottes, so wurde verkündet, manifestiere sich in der Lebensfülle eines Menschenwesens, sie sei der lebenssprühende Mensch auf allen Ebenen seiner Persönlichkeit, und je intensiver und bewußter dieser zu leben versteht und dabei vollmenschlich wächst, reift und größer wird, umso mehr wird Gott in ihm verherrlicht.

Aber leider gibt es 1800 Jahre nach dem hl. Irenäus noch immer eine bestimmte Religionsform, die uns einreden will, daß der Mensch sich verdemütigen und selbstverknechten muß, um Gott damit zu verherrlichen. Alles, was den Menschen schmäht, schändet, erniedrigt, steigert Gottes Herrlichkeit, auf dem gebeugten Rücken des Menschen sollen Glanz und Größe Gottes gefeiert werden. Übt demnach Selbsthaß, er ist gottgefällig, denn was Euch mindert, mehrt Gottes Größe! Bitte, glauben wir nicht, dieses Religionskonzept sei in Theorie und Praxis heute veraltet? Und ich sage *Nein* zu dieser Spiritualität, weil ich fühle, daß gerade das Gegenteil wahr ist:

Je größer der Mensch, umso größer Gott! Je lebendiger die Menschheit, umso lebendiger die Gottheit! Die Herrlichkeit Gottes ist der vollständig entfaltete und erwachte Mensch, der ganz zu sich gekommen ist und sich ganz gehört.

Hier versteht sich von selbst, daß dieses Entfalten und Aufgehen eines Menschen nicht als schrankenloses, egozentrisches Ausleben mißinterpretiert werden darf. Wahre Religion, authentisches spirituelles Leben sollte jedoch für den Menschen darin bestehen, seine besten Kräfte in sich zu wecken, zu mobilisieren und sie auf ein Ziel hin zu orientieren, um mit ihnen etwas wirklich Gutes und Sinnvolles zu leisten. *Arbeit ist Religion.* Das verstehe ich unter „lebendig werden". Christus hat es uns nicht klarer sagen können:

„Ich bin gekommen, daß sie das Leben haben und daß sie es in der Fülle haben."
(Johannes 10,10b)

Meine lieben Freunde, das war der Grund seines Kommens, das war sein Ziel gewesen, das Ziel seiner Lehre, das Ziel seiner Wahrheit, daß wir das Leben in der Fülle haben sollen und es doch endlich begreifen mögen!

Denken wir hier noch einmal gut nach. Ich soll Gott verherrlichen, indem ich ein *„lebendiges Wesen"* werde. Wie sollte mir das gelingen, wenn ich mich verachte, verleugne und selber hasse? Auch meine Mitmenschen, so will es Christus haben, sollen *„lebendig werden",* sie sollen tatsächlich authentisch leben, und ich muß ihnen meinerseits Gelegenheit dazu geben, sich mehr und mehr zu entfalten, denn es geht um *„den"* lebendigen Menschen, es geht um uns alle, und es geht um die Herrlichkeit Gottes.

Ständig sehen wir es im Fernsehen: noch immer Kriege, Folter, Flüchtlingselend. Aufgrund der Unterlassungssünde der Menschheit stehen augenblicklich Hunderttausende von äthiopischen Kindern vor dem Hungertod. Gott wird in dieser afrikanischen Tragödie nicht verherrlicht, wie kann es genügen, daß nur ein Teil der Menschen *„lebendig"* ist und ein anderer Teil nicht? Wie kann es genügen, daß ich ein *„Lebendiger"* bin und mein Nächster ein Geschmähter, Geplagter, Gequälter – oder ein skrupelloser Egoist, der alle Tage Menschen kränkt und über Leichen geht? Sein Anblick soll mir ein Appell sein, es ergeht ein Ruf an mich, mir etwas einfallen zu lassen, um ihm zu helfen, damit auch er ein *„Lebendiger"* wird, und damit verherrliche ich Gott.

Wie kann es genügen, wenn ich täglich mehrere Stunden in einer Kirche vor dem Tabernakel sitze, wenn an anderen Orten die Welt brennt und die Menschenrechte verletzt werden? Die Verherrlichung Gottes wäre mir in der Form der heiligen Anbetung nicht ausreichend, weil ich fühle, daß ich mich aktiv am Fortschritt und Aufstieg der Menschheit beteiligen muß, ich muß einsatzfreudig und zielbewußt mitarbeiten – wenigstens auf einem winzigen Recken in irgendeiner Weise, damit eines Tages die Gemeinheiten aufhören und alle Menschen *„lebendig"* werden.

All das verändert sehr rasch unsere religiöse Anschauung von gestern. Im allgemeinen ist *Religion* keineswegs das, was wir gemeinhin annehmen, sondern etwas ganz anderes und sehr viel Schöneres. Wir müssen zur *Existenzreligion* finden, d.h. zur Erkenntnis einer Religion des lebendigen Daseins, die weit über all das hinausgreift, was man bisher unter der christlichen Religion zusammengefaßt hat, und die doch die fundamentale Religion des Menschen ist. All das andere ist nichts als Flucht, ist ein Opium, wie Marx es durchaus richtig formuliert hat, denn die Praxis religiösen Lebens und des Christentums ist kaum mehr als eine rasch eingenommene Beruhigungspille, weil oft nur halb verstanden und falsch gelebt. Nichts wird die Religion von außen bewirken können, wenn der Mensch nicht den klaren Sinn für das in der Existenz wurzelnde Religiöse wiedergewinnt, wurzelnd und keimend im persönlichen Leben des Menschen – im *Lebendigen*.

Und nun versuchen wir, unserm Gott mitten ins Herz zu schauen und ihn zu fragen, ob er uns Menschen braucht. Man sagt ihm Selbstzufriedenheit nach, er habe nichts nötig, um zu sein. Und ich frage Sie: Warum ist er dann ein Schöpfergott? Warum wollte er von ihm erschaffene Menschenwesen haben, wenn er sie nicht brauchte?

Die angebliche Selbstzufriedenheit Gottes führt den Menschen zu der irrigen Annahme, er sei ein zufälliges Evolutionsprodukt, ein überflüssiges Etwas wie Satre es meinte, denn dieser Schluß ergibt sich leicht aus einem Gotteskonzept, das behauptet, Gott sei nicht mehr Gott, wenn er etwas benötige. Ergebnis: Der Mensch verliert jeden Existenzsinn, er wähnt sich in der Leere, da überflüssig, also ein Lebewesen ohne Sinn. Damit aber eine Sache oder eine Person Existenzsinn bekommt, muß eine Zweckbestimmung vorliegen, also eine Notwendigkeit. Wenn Sie mich fragen, ob ich froh bin zu leben und am Weltgeschehen teilzunehmen, dann rufe ich aus: *"Aber ja!"* Ich stellte diese oder die umgekehrte Frage in meinen Vorträgen: *"Wem von Ihnen wäre es lieber, nicht zu existieren?"*, und manchmal regten sich da einige Hände. In einem arabischen Vortrag in Alexandria waren es sieben. Daraufhin stellte ich dieselbe Frage im engen Familienkreis und bekam von einer Person die spontane Antwort: *"Ich wäre lieber nicht geboren."* Ich muß sagen, daß mich dieser

Vorfall erschüttert hat, denn ich begreife es nicht! Ich fühle mich wohl in meiner Haut, und jeden neuen Tag erlebe ich gern..., was natürlich nicht bedeutet, daß ich mit mir zufrieden bin, jeder Mensch könnte viel besser sein als er ist, doch ich habe Freude am Leben.

Der atheistische Existentialismus ist aus einer Weltanschauung der angeblich unsinnigen Existenz hervorgegangen, der Mensch wurde als eine Zufallslaune der Natur gewertet, also bläht sich das Absurde im Fühlen und Denken unserer Zeit. Wer nämlich in dieser Perspektive schaut, muß zu dem logischen Schluß kommen, daß *alles* absurd ist, und nur die völlige Verzweiflung kann die Folge sein, die sich in der zunehmenden Selbstmordrate erweist. All das geschieht auf einer durchaus logischen Ebene, man will ein Leben anhalten, für das sich keine Existenzbegründung finden läßt, der Selbstmord wird gerechtfertigt vom Unglauben an einen Sinn des Daseins, er wird gerechtfertigt vom Glauben an das Würfelspiel des blinden Zufalls und von der Überzeugung, daß alles absurd ist. Die Selbstmordraten steigen in den Ländern unserer Welt, in denen vielfach der Sinn für Gott und alle Lebensexistenz abhanden gekommen ist. Das ist symptomatisch, das ist logisch verständlich.

Jetzt müssen wir jedoch achtgeben, ob solche Überlegungen nicht eine Denklücke aufweisen. Hätte Gott wirklich eine Welt geschaffen, wenn er sie in keiner Weise brauchte? Ich möchte hier gleichnishaft eine persönliche Erfahrung wiedergeben, die Erfahrung des Absurden an einem Tag in meinem Leben, und auf welche Weise ich Schritt um Schritt die Sicht wiedererlangte und den Sinn erkannte.

Als junger Priester lebte ich für ein zweijähriges Zusatzstudium in den Vereinigten Staaten. Während dieser Zeit war ich unter anderem auch als Seelsorger in einer 2000-Betten-Klinik, dem *Boston City Hospital*, mit fünf anderen Jesuiten abwechselnd in drei Schichten Tag und Nacht beschäftigt. Ich wohnte zusammen mit etwa hundert Jesuiten in einem großen Ordenshaus, wo man einander kaum kannte. Wir waren zu viele und ein jeder zu stark gefordert. Das galt auch für mich, in diesem aufreibenden Klinikdienst blieb einem keine Zeit, Freundschaften zu gründen, man lief aneinander vorbei, jeder war in Eile.

Eines Morgens war ich recht angeschlagen vom schweren Nachtdienst heimgekehrt, schlief etwas und begab mich dann auf einen Spaziergang durch die Straßen von Boston – allein natürlich. An diesem Tag befiel mich plötzlich das seltsame Gefühl einer totalen Entmutigung und trostlosen Einsamkeit. Ich stellte fest, daß ich, als Person Henri Boulad, eigentlich völlig überflüssig war, jederzeit austauschbar, wozu also das alles, fragte ich mich. Wem dient dieses Leben? Wer kennt dich hier überhaupt? Wer interessiert sich für dich? Du arbeitest wie aufgezogen und wenn du es nicht tust, dann ein anderer. Wenn du dich jetzt hier vor den nächstbesten Laster wirfst, was würde sich ändern? Nichts! Gar nichts! Die Polizei würde dich beiseite räumen und nach dem Studium deiner Identitätskarte mit der Jesuitenresidenz telefonieren. An der Pforte würde man deinen Namen nicht kennen, erst nach sorgfältigem Durchgehen der Kartei würde man sagen: *„Sorry. Wir haben doch einen Henri Boulad bei uns."* Dann gäbe es ein schnelles Begräbnis, einige Jesuiten, die du nicht einmal kennst, wären dabei, und das ist schon alles. Ich erkenne, daß weder mein Leben noch mein Tod jemandem dient. Meine Existenz ist bedeutungslos.

Dann tat ich einen zweiten Denkschritt und später noch einen dritten. Ich stellte mir zunächst den Augenblick vor, in dem eine ältere Dame in Ägypten ein Telegramm aus Boston empfing – meine Mutter. Bei diesem Gedanken änderte sich vorläufig das ganze Bild, denn für sie wäre diese Nachricht eine Katastrophe. Ich begriff, daß ich zumindest für einen Menschen unersetzlich war. Warum? Weil diese Person mich liebt. Für sie bin ich nicht beliebig austauschbar. Existieren heißt demnach, für einen anderen Menschen von einzigartiger Bedeutung sein, und ich dachte: Wer kein Herz kennt, das ihn liebt, fern oder nah, der lebt nicht wirklich. Existieren bedeutet nicht nur eine bestimmte Pflichterfüllung in der Gesellschaft, so sehr sich einer auch müht, sondern mehr, denn die Unersetzlichkeit eines Wesens zeigt sich bei der Vorstellung seines Verschwindens, weil mit ihm die Welt untergeht ... In diesen Minuten in Bostons Straßen hörte ich die Melodie eines Schlagers, dessen Text ich kannte, weil er damals überall in der Luft lag:

*„Du bist solange ein Niemand,
bis dich ein Jemand zu lieben beginnt."*

Hier kam ich ans erste Ziel meines Gedankenganges. Ich verstand, daß wir nur aufgrund einer Liebe, die wir erfahren, existieren und leben können und nicht deshalb, weil wir gesunde Lungen zum Atmen und einen unermüdlich arbeitenden Magen haben. Es ist die Liebe, die uns erhält und unserem Dasein Existenzberechtigung gibt. Hinsichtlich der Mutterliebe, die jedem Menschen lebenslänglich zuströmt, fühlte ich mich in die Geistbindung ein, die ja so viel stärker und wesentlicher ist als die des gemeinsamen Blutes. Nach dem Durchtrennen der Nabelschnur wächst ein ganz anderes Band heran, das unzerreißbare Band der Liebe, das ein Geistband ist und daher ewig. Und alle wissen wir längst, wie verheerend sich ein Liebesmangel aus früher Kindheit auswirkt, weil das Wesentliche beim Wachstum gefehlt oder dem kleinen Wesen nicht in ausreichendem Maße zuteil wurde. Bis zur vollkommenen inneren Verstümmelung und Lebensvernichtung kann ein Fehlbetrag an Liebe führen. Ein übergangenes oder ungeliebtes Kind verschließt sich vollkommen, es kommt zur Anti-Existenz oder zum Mutismus, ein ewiger Larvenzustand in der Stummheit als Symptom seelischen Krankseins. Auch der Autismus kann als Grund Liebesmangel haben. Das extreme „Insichgekehrtsein" und die abnorme Verschlossenheit sind besonders schwer zu behandeln für die Psychiatrie: Diese tiefe Persönlichkeitsstörung reicht bis zur Abwehr gegen alle Zuwendung, die Betreffenden wollen für immer allein bleiben in ihrer anderen, kranken Welt. Im Extremfall verschließen sie sogar ihr inneres Ohr und werden im wahren Wortsinn unansprechbar, auch wenn sie ein physisch gesundes Gehör haben. Auch die Augen wollen nichts mehr aufnehmen, ihre innere Sicht scheint erloschen. Um ein Kind aus diesem Zustand zu erretten – mein Gott – das braucht ein Maß an Liebe! Nur die Liebe kann dieses Heilwunder vollbringen. Wer wird diese Kinder erlösen?

Für Interessenten empfehle ich hierzu das außergewöhnliche Buch von Bruno Bettelheim *„Die leere Festung"*. Bettelheim habe ich selbst gehört, er war mein Psychologieprofessor in Chicago. Dort mögen Sie das Ringen und die Engelsgeduld miterleben, die solche Kinder aus ihrer leeren Festung befreien wollen. Nur ein Weg führt zu ihnen, der Weg der aufrichtigen Liebe und diese im Übermaß menschlicher Kraft, sie ist der einzige Schlüssel, um zu diesen armen Wesen in ihre verriegelte Festung zu gelangen. *„Wir leben erst dann, wenn wir geliebt werden"* – das ist die Botschaft dieses Buches auf allen Seiten ...

Meine lieben Alexandriner, wer von Ihnen diesen

vergessenen Geschöpfen einmal in die Augen schauen möchte, um ihr Leiden zu erleben, den lade ich herzlich ein, mit mir ins Kairoer *Abbasseyah*-Hospital zu kommen, in die äußerst große psychiatrische Klinik mit 2.500 Kranken, unter ihnen viele Kinder. Es sind die wortwörtlich *„Überflüssigen"* unserer Gesellschaft, sie waren unerwünscht seit dem ersten Moment ihrer Existenz, sie sind nicht geliebt, sondern gehaßt worden. Seit 1977 bin ich dort mit einer Gruppe von Freiwilligen engagiert, schließen Sie sich an! Kommen Sie mit! Dort schreien Kinder nach dem wahren Leben, sie umklammern sie, nennen Sie *„Mama!"* und wollen Sie nicht mehr gehen lassen.

Zurück zu meinem einsamen Gang durch die Straßen von Boston. Ich verstand, an diesem Punkt der Mutterliebe noch nicht am Ziel zu sein, weil meine Mutter eines Tages sterben wird, und zu dieser Stunde würde ich erneut am Ausgangspunkt stehen, weil ich als katholischer Priester ein unverheiratetes Wesen bin. Was dann, dachte ich, denn was dem Leben eines Mannes Sinn verleiht, ist eines Tages die Entdeckung der Frau, die ihn liebt. Man könnte das auch umgekehrt sagen, doch lassen Sie mich bitte als Mann sprechen. Der Mann wird zweimal geboren, das erste Mal durch seine Mutter, das zweite Mal durch seine Frau, und diese Liebe ist seine Neugeburt, weil er sich im Herzen dieser Frau als absolut erfährt. Deshalb wird, wie wir alle wissen, von der Liebestragödie gesprochen, wenn diese Bindung einseitig wieder gelöst wird. Weil die Liebe höchstes Glück für den Menschen bedeutet, bedeutet der Verlust des Partners den eigenen Lebensverlust (*„ich bin daran kaputtgegangen"*) und zugleich den Tod der Welt (*„für mich existiert nichts mehr"*).

Die Angst um diesen tödlichen Verlust hatte ich früher schon einmal von meinem ältesten Bruder geschildert bekommen. Auch daran mußte ich jetzt denken. Er hatte ein libanesisches Mädchen geheiratet und die Flitterwochen mit ihr auf einer hochgelegenen Hütte in den libanesischen Bergen verbracht. Als seine junge Frau einmal wandermüde war, begab er sich allein auf eine Tour, kam aber erst bei Dunkelheit zurück, sehr viel später als erwartet. Was fand er in der Hütte vor? ... Was erschreckte ihn zutiefst? ... Eine reglose, vollkommen apathische junge Frau in Tränen über Tränen, weil sie überzeugt gewesen war, ihn niemals wiederzusehen. Liebe und Angst um ihn hatten ihrem Herzen das Bild eines Bergunglücks eingegeben, und damit schien für sie das Leben zu Ende.

Das ist ein Lehrstück über die Liebe, dachte ich, über die Menschenliebe wie über die Gottesliebe! Noch ein Jahr zuvor war mein Bruder für diese Frau ein Unbekannter gewesen, eine Nicht-Existenz, nun war er ihr *Alles,* ihr *Einziges*, ihr *Unersetzliches*. Mysterium und Macht der Liebe ... und ich fragte mich im Geheimen: Was soll aus dir werden und aus deinen Mitbrüdern? Als Priester haben wir einer derart starken Zuwendung freiwillig entsagt und meinen ohne sie auszukommen, obgleich doch das Leben eines jungen Mannes von der Liebe der Mutter in die Liebe der Frau übergeht, die seinem Leben eine neue Bedeutung gibt. *„Gott wird dir alles ersetzen!"* wird uns Geistlichen gepredigt, die ständigen Worte, schon in unserem Ausbildungsprogramm unzählige Male vernommen, waren doch nur Worte geblieben. An dem Tag aber, als mein Bruder mir diese Begebenheit erzählte, klärte sich manches, denn ich verstand plötzlich die Gottesworte in meiner Seele: *„Ich liebe dich auf eben diese Weise! Du bist* mein *Alles,* mein *Einziges,* mein *Unersetzliches. Ich liebe dich, ich brauche dich."*

Abbild der Gottesliebe in der Menschenliebe! Lange hatte es gebraucht, bis ich verstand, daß die Gottesliebe im geistlichen Leben etwas Konkretes ist und der ausschließlichen Liebe zwischen Mann und Frau entspricht, ebenso echt und ebenso tief, denn ohne Liebe kann der Mensch nicht sein, niemand kann es. Daher glaube ich auch nicht an zwei verschiedene Berufungen, die Berufung zum geistlichen Leben und die Berufung zur weltlichen Ehe, sondern nur an eine, welche die *Berufung zur Liebe* ist. Beide gehen ihren eigenen, voneinander verschiedenen Weg, doch folgen sie beide demselben Prinzip und münden beide in dasselbe Ziel. Und das erwähne ich seit Jahren in meinen Exerzitien für Geistliche:

„Wenn Ihr Euch nicht darum bemüht, im Zustand einer hochzeitlichen Liebe mit Gott zu leben, dann wird die Existenzform,

die Ihr gewählt habt, in die Einsamkeit münden, sie wird lichtlos, freudlos und leer sein, und Ihr habt damit nicht nur Euer geistliches, sondern Euer gesamtmenschliches Leben verfehlt. Liebe soll es erfüllen, Liebe muß es erfüllen. Vollmenschlich lebt der Mensch nur in der tiefen Liebesvereinigung mit einem andern Wesen."

Aber nun werden Sie mich nach den tatsächlich Einsamen unter uns fragen, den allein Lebenden oder den nach einer Ehe einsam Gewordenen, werden sie denn jemals zu dieser intensiven Gottesliebe finden? Und: Ist die Einsamkeit nicht eingezeichnet in jedes menschliche Leben? Zumindest streckenweise und nachhaltig? Gewiß. In jedem Leben gibt es trotz sieghaften Gelingens großer Zeiten von Freundschaft und Liebe auch die leeren und düsteren Stunden des Zweifelns, in denen das Unbeständige oder Fragmentarische der menschlichen Liebe erkannt wird. Damit will ich ihr Licht nicht trüben, davon bin ich weit entfernt, denn sie besitzt ihre große Schönheit. Doch wir kennen auch die furchtbare Liebesenttäuschung, die unser Herz aufreißt und uns zu zerstören droht. Das beginnt schon bei glühenden Freundschaften in der Kindheit und im Jugendalter, wo eine *„ewige Flamme"* von heute auf morgen erlischt. Etwas Unbegreifliches geschieht, etwas Tödliches, Erlebnisse, die niemals verstanden und niemals vergessen werden. Oder später, nach Jahren von Liebe und Ehe der Bruch, der Betrug, das Ende. Wer hätte es je für möglich gehalten? Ich sehe als Priester eine so ungeheuer große Zahl von *„Leben zu zweit"*, deren Einheit bald wieder auseinanderbricht, ganz von der Mitte her, weil die Liebe verraten wurde. Hier mag sich der bitter Getroffene wie ein autistisches Kind von der Welt zurückziehen, einsam und krank, oder aber er öffnet in diesen Stunden einer neuen, ganz anderen Wirklichkeit alle Sinne. Dann wird sein Herz etwas wahrnehmen, eine Stimme, die in derselben Weise zu ihm sprechen wird wie zu mir an jenem Tag, und daran erinnerte ich mich jetzt in Bostons Straßen:

„Einmalig, einzig *und* unersetzlich *stehst du vor deinem Schöpfer. Ich, der Ewige, trage dich in meinem Herzen, das dich auf absolute Weise zu lieben begehrt. Weißt du, was das heißt, auf absolute Weise geliebt zu werden?"*

Diese Gewißheit dürfen die Einsamen unter uns in ihren schwersten Stunden haben, sobald sie sich dem Glauben öffnen, denn der Glaube wird sie weit über alle weltlichen Erfahrungen hinaustragen, auch über Liebes- und Freundschaftserfahrungen hinaus, die trotz der erlebten Glückseligkeit in bittersten Zerwürfnissen ihr Ende fanden. Die Gottesliebe aber verläßt sie nicht! Leider wird nicht immer erkannt, daß hinter solchen menschlichen Erfahrungen gleichzeitig Gotteserfahrungen gemacht werden können, bei denen eine ewige Liebe verspürt wird, während rundum alles andere zerbricht, eine Liebe, die tiefer im Leidenden verankert ist als sein eigenes Selbst. Erst dann, wenn die Gottesliebe unerkannt bleibt, dürfen wir von tatsächlicher Tragik sprechen. Nicht früher.

Braucht Gott den Menschen ...? Dieser Frage kommen wir nun immer näher, und ich gehe jetzt auf die bereits gestellte Frage zurück: Wenn Gott gänzlich selbstzufrieden und bedürfnislos wäre, warum hat er mich dann erschaffen? Warum gibt es mich? Es muß doch ein Grund vorliegen! Braucht er die Schöpfung? Oder trauen wir Gott zu, daß er aus lauter Lust und Spielerei mit „Kunstwerken" herumexperimentiert, so wie es diverse zeitgenössische Künstler tun, die Dinge schaffen, die niemandem dienen – also völlig überflüssig sind? Meine lieben Freunde, ein klares Ja oder Nein kann niemand auf diese Frage zur Antwort geben. Ich sage zunächst nein, Gott braucht uns nicht, denn wäre er abhängig von seinem Werk, dann wäre er nicht der souveräne Geist des Alls. Wie könnte dieser von etwas abhängig sein, was er nicht selber ist? Ich sage jedoch ja, weil Gott *Liebe* ist. Dieses Wort verändert schlagartig die Perspektiven, wir sehen mit anderen Augen und erfassen die Dinge mit anderen Sinnen. Längst hat Gott sich uns als Liebe offenbart, doch sind wir fortgefahren, ihn uns in der Art der antiken Philosophen zurechtzudenken. Daß Gott Liebe ist, bedeutet eine weltbewegende Revolution im Erkenntnisprozeß für die gesamte Geschichte und insbesondere für die Religionsgeschichte der Menschheit.

Wir sprachen vom Mysterium der Dreifaltigkeit, das sich bis ins Herz der Materie spiegelt, manchen unter Ihnen wird meine Liebesdarstellung der Dreifaltigkeit bekannt sein, denn ich integriere sie als eine *Liebeslogik Gottes* in möglichst viele meiner Vorträge. Der angebliche Widerspruch *„Gott ist eins und Gott ist drei"* löst sich in der Kraft der echten Liebe, so wie die Liebe alle Fragen löst und sie allein uns zur Erkenntnis führt. Ohne diese drei Worte *Gott ist Liebe* bleibt auch die Schöpfung unerklärbar und ihre Existenz ungerechtfertigt. Doch in der erhabenen Freiheit seines göttlichen Wesens wollte Gott sich abhängig machen von einem anderen ihm ähnlichen Wesen, das er zu diesem Zweck erfand und aus seinem Inneren gebar, das er liebevoll gestaltete und dem er seinen eigenen Geist eingab. Er wollte dieses Menschenwesen, er brauchte es, weil er Liebe ist und weil die Liebe *Austausch* bedeutet. Ja, Gott braucht den Menschen!

Sofort höre ich Ihren Einwand: *„Wenn Gott mich braucht, dann ist er für mich nicht mehr Gott."* Aber doch! Aber ja! Gott ist so sehr Gott und seiner souveränen Freiheit gegenüber so frei, daß er sich einschränkte zugunsten des Menschen. Er gab einen Teil seiner Freiheit her, um den Menschen zu wollen, zu brauchen, zu lieben, und hier erkenne ich eine Liebe im Quadrat, eine Liebe in höchster Potenz, denn das ist wahre göttliche Freiheit! Nur sehr schwer können wir verstehen, daß Gott das Bedürfnis hatte, sich abhängig zu machen, das aber ist das Wesen der Liebe. Die Schöpfung ist das Engagement eines liebenden Gottes für eine Geschichte, die er an ein bestimmtes Ziel bringen will, das er allein kennt. Wenn Gott Leben ist und wenn er Liebe ist, dann muß er ganz aus sich heraustreten und sich hingeben an seine Geschöpfe, mit denen er sein Leben zu teilen gewillt ist. Nicht für Gottes Ruhm sind wir geschaffen, sondern der Liebe wegen. Wir leben im Liebesverhältnis mit unserem Schöpfer, und wenn wir von seinem Ruhm und seiner Herrlichkeit sprechen, dann ist dieses Gottesleben gemeint.

Schon vor seiner Inkarnation in Palästina hatte Gott von seinem Leben an Welt und Menschen abgegeben. Das ist das Wesen der Liebe, daß sie sich geben muß und geben will, und sie will es in verschwenderischer Größe und Fülle tun. Es ist niemals ihre Natur gewesen, sich auf ein Weniges zu beschränken, sich zu begnügen mit nur einem Teil, nein, sie will mehr, sie will alles, sie will das Ganze, sie will sich ekstatisch an den Geliebten verschwenden. Wie sollte die Gottesfreude darin bestehen, sich an sich selbst zu ergehen? Auch sie will und muß sich in unendlichem Maß an eine Schöpfung verschwenden. Also mußte die Schöpfung sein, also mußte der Mensch in der Ebenbildlichkeit Gottes sein. Das sage ich in unendlichem Respekt, denn Gott bleibt selbstverständlich vollkommen frei, aber er ist *Liebe* – und wenn schon für uns Menschen die höchste Glücksform darin besteht, sich in der Liebe vollends hinzugeben, dann gilt das wohl in noch viel stärkerem Maß für Gott, unseren Ursprung. Hierin finde ich die Begründung unserer Existenz, ihr letztes *Warum*.

Bereits im Innern der Dreifaltigkeit lebt Gott diesen fortwährenden Austausch im Geist und durch den Geist mit dem Sohn. Hier geschieht schon Liebe und Freude in erhabener Fülle, doch darüber hinaus muß diese Fülle auch nach außen aufbrechen und sich als Schöpfung ergießen. Wie ein strahlendes Fest stelle ich mir diese Schöpfungsstunde vor, meine lieben Freunde, denn ich *„sehe"* Gott beglückt in seinem Erschaffen. Hören wir es nicht wie einen Refrain des großen Schöpfungsliedes:

„... und Gott sah, daß es gut war."
(Genesis 1)

Und wird nicht auch vom kommenden Gottesreich in der Stilform eines Festes gesprochen und meist vom größten und bedeutsamsten aller Festlichkeiten, einer Hochzeitsfeier mit einem Hochzeitsmahl? So steht es mit der Schöpfung selbst, auch sie ist für das Gottwesen ein glänzendes Fest, denn *„leben"* bedeutet *„Freude haben"*, Freude in der *Gemeinschaft* und durch sie. Stellen Sie sich vor, wie Sie an Ihrem nächsten Geburtstag in stiller Einsamkeit die Kerzen Ihrer Torte allein ausblasen und singen: *„Happy Birthday to me!"* Wer macht das? Nein, Ihre Torte muß ausgeteilt werden. Niemand findet wahrhaft erfüllende Freude im egoistischen Alleinverzehr schöner Dinge, niemand. Sehen Sie, eine kleinliche

Gabe ist auch die Schöpfung nicht, wir sprachen davon, daß uns Laien der Boden unter den Füßen schwankt, wenn die Astronomen uns das Weltall aufzurechnen beginnen, wir können diese Zahlengrößen nicht fassen, diese Abermilliarden von Sternenkörpern, die die Galaxien jeweils enthalten. Und stellen wir uns nur die Zahl der Vogelarten und Pflanzensorten vor, die unser Mini-Planet hervorgebracht hat, der doch nur ein Atom im Kosmos ist! Fünf Milliarden Menschenherzen schlagen zur selben Sekunde im Takt – denn *„die Herrlichkeit Gottes ist der lebende Mensch"*, und Gott selbst ist diese Fülle des Seins.

Die Probleme der Überbevölkerung und die heißen Appelle zur Empfängnisverhütung will ich hier nicht anschneiden, erwarten Sie das bitte nicht von mir, wir haben längst festgelegte Meinungen darüber, gleichförmig in aller Welt. Kontemplieren wir aber Gott in seinem verschwenderischen Schöpfungswirken, dann müssen wir unsere Ansichten vielleicht etwas ändern und unsere Ängste begraben. Ich bin mir der realen Probleme, von denen uns die Massenmedien alle Tage neu berichten, voll bewußt, doch versuche ich die Tatsachen auch anders zu sehen. Ich versuche es, denn ich kann den *„Überschwang"* der göttlichen Schöpfung in all ihren Aspekten nicht übersehen und sage mir: Das muß unbedingt einen Grund haben, das Ganze muß einen Zweck verfolgen, und deshalb glaube ich an einen *Sinn*. Die Herrlichkeit Gottes wird für mich erkennbar in diesem verschwenderischen Reichtum der Existenz, die ein Ziel vor Augen hat.

Wieder werden meine Gedanken zum Dreifaltigkeitsmysterium gelenkt. Wer nämlich gut darüber nachdenkt, dem wird sich bald noch eine andere Frage auftun: Es heißt, der Vater habe alles an den Sohn fortgegeben, sein Wesen sei in der Ekstase der Liebe an den Sohn übergegangen, und deshalb fragen sich manche: *„Was aber blieb dann für den Menschen?"* Ja, Gott hat sich vollständig entäußert und an den Sohn vergeben, der ihn jetzt vollkommen darstellt wie ein Bild, in dem Gott lebt. Aber was ist dann der kreatürlichen Schöpfung geblieben? Die neutestamentliche Antwort heißt: *Im Sohne sind wir erschaffen worden.* Gott hat uns wie einen Keim ins Innere des Sohnes eingesetzt, dort ist unser Ort und Lebensraum, im Sohn, im ewigen Christus. Lesen wir einmal über unseren Ursprungsort in einem der Paulusbriefe und sehen wir, bis zu welchem Grad die Schöpfung in ihrer Gesamtheit und der Mensch als Einzelwesen sich in ihm, dem Sohn befinden. Im Sohn konzentriert sich alles, in ihm wird alles gesagt und getan, in ihm wird alles gegeben, genommen, gelebt und geliebt:

„Er, der uns im Himmel gesegnet hat in Christus mit aller Art von Geistessegen, so wie er uns in ihm vor Grundlegung der Welt gewählt hat, auf daß wir heilig seien vor ihm und tadellos.

Er, der uns in Liebe zu seinen Kindern vorherbestimmte durch Jesus Christus, weil so sein Wohlgefallen es gewollt hat, damit wir jubeln ob der Herrlichkeit seiner Gnade, die er in seinem Liebling gnädig uns verliehen hat.

In ihm besitzen wir Erlösung durch sein Blut, Vergebung unserer Sünden dank seiner überreichen Gnade, die er reichlich auf uns überströmen ließ samt aller Weisheit und Erkenntnis.

Er tat uns kund, was er geheimnisvoll gewollt, wie er es sich in seiner Liebe in ihm vorgenommen hat: Er wollte es in den Zeiten der Fülle erreichen, daß alles wieder unter einem Haupte unter Christus stünde, was im Himmel und auf Erden ist.

In ihm sind wir als Erben gleichfalls reich bedacht, die wir vorausbestimmt gewesen nach dem Plane dessen, der alles nach dem Ratschluß seines Willens wirkt.
(Epheser 1,3–11)

Neben diesem Paulustext bezeugt uns dasselbe der grandiose Johannes-Prolog:

„*Alles ist durch es, das WORT, geworden, und nichts von dem, was geworden ist, ward ohne dieses. In ihm war das Leben, und das Leben war das Licht der Menschen.*"
(Johannes 1,3–4)

Die Schöpfung existiert, weil sie dem Wesen des

Wortes, Christus, entstammt, dem Wesen des Sohnes. Wir existieren nur in unserer Beziehung zum Sohn, der wiederum die Wesenssubstanz des Vaters ist. Sohn und Schöpfung bestehen in der Einheit. Es gibt nicht Christus und neben ihm auch noch die Schöpfung, denn außerhalb des Sohnes existiert nichts, sondern *„alles ist durch ihn geworden".* Die Schöpfung lebt in Christus, quillt aus ihm hervor – oder sie hat keine Existenz. So ist die Sohnzeugung die einzige Zeugung und die einzige *„Produktion"* des Vaters, nur den Sohn hat der Vater gezeugt und uns in ihm. Wenn wir den Paulustext aufmerksam in uns aufgenommen haben, dann erinnern wir uns an das Wörtchen *„vor"* – *„er hat uns vor Grundlegung der Welt in ihm erwählt"* –, und das bedeutet, daß wir unseren Standort seit Ewigkeit in Christus haben, dort ist unsere Heimat, unser Lebensraum, in ihm und aus ihm leben wir und das schon lange vor Schöpfungsbeginn als ein Liebesprojekt Gottes. Da es aber in Gott keinen Zeitablauf gibt, kein zeitliches *„davor",* deshalb ist für Gott alles nur ein einziger Schöpfungshauch oder ein Laut: das *Wort,* Christus.

Paulus hat uns das sehr überzeugend vermittelt. In seinem Brief an die Epheser wird versichert, daß unsere Existenz weder Zufall noch göttliche Laune ist, sondern er zeigt uns den weisen Plan, der seit Ewigkeit besteht, die tiefe Logik, die alles durchwaltet. Und ich selbst fühle mich gedrängt, zu den Menschen von der göttlichen Logik zu sprechen, von der Logik der Dreifaltigkeit, von der Logik der

Gottesliebe, von der Logik der Inkarnation, von der Logik der Erlösung, von der Logik der Schöpfung, denn diese Logik liegt nach meinem Empfinden im Herzen Gottes begründet, d.h. in seinem Liebeswesen. Ja, seit Ewigkeit sind wir von Gott erwählt.

Ich weise noch auf einen anderen Paulustext hin, in dem keine Kreatur ausgespart oder vergessen wird, ein Text, der das gesamte Universum umschließt, das sichtbare wie das unsichtbare. Auch dieser Text will uns sagen: Nichts gibt es, das nicht in Christus erschaffen wurde.

"Er ist das Abbild des unsichtbaren Gottes, der Erstgeborene vor aller Schöpfung, denn in ihm ist alles erschaffen, was in den Himmeln und auf Erden ist, das Sichtbare und das Unsichtbare, seien es Throne oder Mächte oder Kräfte. Das alles ist durch ihn und für ihn erschaffen; er selber ist jedoch vor allem, und alles hat in ihm Bestand. Er ist das Haupt des Leibes, der Kirche; er ist der Anfang und der Erstgeborene von den Toten, um so den Vorrang in allem zu besitzen. Und Gott gefiel es, daß die ganze Fülle in ihm wohnte, und er durch ihn das All auf ihn hin versöhnt, was auf Erden und im Himmel ist, indem er durch sein Blut am Kreuze Frieden stiftete." (Kolosser 1,15–20)

"... wohnt doch in ihm die ganze Fülle der Gottheit wesenhaft." (Kolosser 2,9)

Meine lieben Freunde, Sie befinden sich *in Ihm* und nehmen teil an seiner *göttlichen Fülle,* ist Ihnen das bewußt? Das Wort *„Fülle"*, das ich sehr liebe, meint dieses *alles*, es meint den Reichtum Gottes, des Vaters, und dieser ist im Sohn, und wir nehmen durch den Sohn teil an der Gottesfülle. Stellen Sie sich bitte nur einen Augenblick vor, diese Tatsache wäre schon allen Menschen dieser Erde bewußt geworden, bewußt in der Glaubensgewißheit! Was für eine Erde würden wir dann bewohnen! Wir existieren, um *in Ihm* zu sein, um aus der Christusquelle zu leben. Und vom Vater, der im Sohn ist, und der uns auf persönliche und einzigartige Weise liebt.

Hierzu ein kleines Naturbeispiel: Wir haben Sonne und Regen gleichzeitig. Reflektiert der einzelne, schimmernde Regentropfen einen Teil des Sonnenlichts oder die ganze Sonne? Die ganze Sonne spiegelt sich in diesem winzigen Tropfen, so wie der ganze Christus aus jedem Einzelwesen aufscheint. Wenn man vom Sohn sagt, er sei das Bildnis des unsichtbaren Vaters, dann dürfen wir dasselbe auch vom Menschen behaupten: Der Mensch ist das Bildnis des unsichtbaren Gottes, weil er *im Sohn* ist und dieser ist das Bildnis des Vaters. Also:

Jeder einzelne Mensch reflektiert den ganzen Christus.

Nicht grundlos heißt es in den ersten Seiten des Schöpfungsmythos, der Mensch sei nach dem Bilde Gottes geschaffen, und gleich dreimal wird es uns gesagt. Ich glaube, wir haben bis heute noch nicht verstanden, wie es gemeint ist. Nur ein einziges Gottesbildnis gibt es – den Sohn, Christus, und deshalb sind wir alle *Gottessöhne* und *Gottestöchter,* wir sind Teilhaber am göttlichen Wesen, wir sind

„... durch ihn, mit ihm und in ihm". (Messe)

Die Weltkirche spricht diese tiefen Worte alltäglich und allstündlich auf allen Kontinenten während der Feier der Eucharistie. Mit jeder neuen Messe, die Menschen miteinander feiern, wird daran erinnert, daß unsere Zugehörigkeit zu Christus eine Struktur des menschlichen Wesens bedeutet. Nein, nicht Zufall sind wir, sondern sinnvolle Glieder eines sinnvollen Ganzen. Auch dieses Wort verwenden wir, um unsere organische Einheit mit dem Sohn zum Ausdruck zu bringen. Der Vater schaut auf seine Milliarden Menschenkinder und spricht zu jedem einzelnen unter ihnen:

*„Du bist mein vielgeliebter Sohn,
an dir habe ich mein Wohlgefallen"*
(Matthäus 3,17b/Markus 1,11b/Lukas 3,22b)

Diese berühmten Gottesworte, am Jordanufer an den Täufling Jesus gerichtet, richten sich ebenso an Sie und an mich, meine lieben Freunde, sie betreffen uns alle! Jeder von Ihnen darf und soll sich innig und ganz intim von Gott angesprochen fühlen, denn Gott will ihm sagen:

*„Du bist mein vielgeliebtes Kind,
in dich legte ich alle meine Liebe."*

Die Gottesliebe, die Sie genießen, ist die Vaterliebe zum Sohn in ihrer Gesamtheit und ganzen inneren Fülle, Sie verstrahlt sich auf Sie, wobei Sie Sohn im Sohn werden, Sohn mit dem Sohn – ein *Gotteskind*. Hier offenbart sich dem Christen die Gottesliebe in erschütternder Weise. Wie sehr Gott den Menschen braucht, zeigt sich darin, daß er bis zum Äußersten geht und um diese Menschenliebe wirbt, indem er *„Knechtsgestalt annimmt"* und dem Menschen dient, indem er ihm seine leere Hand hinstreckt und ihn bittet. Ich bin überzeugt, daß das Mysterium der Gottesliebe, offenbar in Jesus von Nazareth, das Geheimnis der Liebe überhaupt ist, die nur das Äußerste will und alles dafür einzusetzen bereit ist, alles! Gott braucht den Menschen, er braucht Sie, und er braucht mich, und dabei wird er selbst zum Bettler. Gewiß ist Gott der unendlich Reiche, der uns aber seine leere Hand zeigt, als ein Bettler der Liebe. Weil er die Liebe selbst ist, deshalb ist er Bettler. Verstehen wir das? Vielleicht kennen Sie das wunderschöne Lied von Jo Akepsimas, einem spirituellen Künstler unserer Tage, der von der Sehnsucht Gottes nach dem Menschen singt ...

*„... göttlicher Bettler,
Bettler bei den Menschen,
Bettler der Liebe."*

Wenn Gott kein Verlangen nach unserer Menschenliebe hätte, dann wäre er nicht Gott, weil er nicht Liebe wäre. Liebe aber ist *Austausch*. Gott hätte uns außerdem beleidigt, wenn er nur diese Einbahnstraße der Liebe erfunden hätte, auf der wir nur einseitig seine Liebe empfingen. Nein, der lebendige Gott erhebt dem Menschen gegenüber einen Liebesanspruch, er fordert uns auf, ihn zu lieben! Das ist keine Redensart, sondern tiefer, sehr tiefer Ernst. Gott braucht unsere Liebe, um selbst sein zu können. Das mag klingen, als sagte ich etwas Ungeheuerliches, doch gehen wir zusammen an den Jakobsbrunnen und werden wir Zeuge, wie Jesus die Samaniterin bittet:

"... Frau, gib mir zu trinken!" (Johannes 4,7b)

Das Geheimnis des bittenden Gottes! Gott liebt den Menschen so sehr, daß er sich selbst in die Situation bringt, ihn bitten zu müssen, seiner zu bedürfen, und das ist der wahre Grund unserer Existenz, ihr letztes *Warum*. Gott hat uns für den Liebesaustausch erschaffen, in diesem findet der Schöpfungsgrund seine Bestimmung und seine Krönung. In seiner Liebe zu Gott verwirklicht und vollendet sich der Mensch – und der Schöpfungskreis schließt sich wieder.

Es gibt einen Elterntypus, den ich sehr schätze, weil er von dieser Einbahnstraße nichts hält. Hier werden die Kinder nicht mit elterlicher Zuwendung gemästet, sondern in einem bestimmten Maß zur Gegenliebe angehalten. Eltern werben mit viel Sinn um die Liebe ihrer Kinder, und das ist vortrefflich. Es werden kleine Opfer von ihnen verlangt, gewisse Verantwortungen werden ihnen übertragen – das ist außerordentlich wichtig, denn Liebe ist Austausch, nur so bleibt sie lebendig. Sie ist weit mehr als Nachsicht und Schonung, sondern vielmehr eine Forderung an den, den man liebt. Je mehr ich jemanden liebe, umso mehr verlange ich von ihm, das reicht gegebenenfalls bis zur Machtausübung über sein Herz, es in Güte schlagen zu lassen. Lieben bedeutet für mich jenes leidenschaftliche Verlangen, den andern wachsen zu sehen, Zeuge seiner Selbstüberwindung zu werden, weil diese Selbsthingabe letztlich seiner Selbstfindung und Selbstverwirklichung dient, um die alles geht! Wie schlecht dagegen die Auswirkungen der Einseitigkeit: *„Warte, ich hole dir, warte ich bringe dir, warte, ich helfe dir, warte, ich kaufe dir, warte, ich schenke dir – bist du zufrieden?"* Das bezweifle ich! Viele Eltern wollen immer nur geben, in hinderlich übertriebener Art. Respekt wahren heißt jedoch Gelegenheiten zur Selbstüberwindung geben, es ist die Geste der leer hingestreckten Christushand am Jakobsbrunnen, die uns mahnen sollte. Eltern, die ihr Kind lieben und respektieren, werden viel von ihm verlangen, sehr viel sogar, so weit muß ihre Liebesmühe reichen.

An einem Weihnachtsabend in Alexandria habe ich mich einmal, für einen Augenblick, bei meinen

Neffen und Nichten unbeliebt gemacht. Sie waren mit Geschenken geradezu überschüttet worden, sodaß sie das Einzelne nicht mehr würdigen konnten. Das hatte die komische Konsequenz, daß sie alle mit der leeren Riesenschachtel eines neuen Fahrrads spielten, indem sie mit viel Jux und Geschrei hinein- und herauskrochen – das Gaudi des Heiligen Abends! Und im Hintergrund die unbeachteten Geschenkeberge! Ich sagte zu den Kindern: *„Ich habe auch etwas für Euch!"* und streckte ihnen meine leere Hand hin: *„Was gebt Ihr mir für meine armen Kinder in Kairo?"* Enttäuschte, ja entsetzte Augen für einen Augenblick, dann vergnügten sie sich weiter mit der Fahrradschachtel. Mein Geschenk wäre hier der Impuls für ihr Geben gewesen, denn mein Appell hatte geheißen: *„Ich brauche Euch! Bitte!"* Ich weiß freilich, daß Kinder wohl nur in ganz seltenen Fällen in dieser Weise ansprechbar sind. Sind wir Erwachsenen es? Bitte beantworten Sie sich selbst diese Frage.

Deshalb, meine lieben Freunde, erbitten Sie auch etwas für sich, bitten Sie Ihre Mitmenschen um kleine oder auch große Gefälligkeiten, denn damit verschaffen Sie ihnen eine tiefe Freude. Je mehr der andere sich dabei engagiert und sich selbst in diesen *„Liebesdienst"* hineingibt, umso besser für ihn, und er wird von einem Glücksgefühl begleitet sein, das er Ihnen zu verdanken hat. Dabei versteht sich wohl von selbst, daß man solche Situationen nicht künstlich heraufbeschwört, sondern das Geben, Bitten und Nehmen nur im konkreten Fall tatsächlicher

Notwendigkeit praktiziert, woran es wohl im zwischenmenschlichen Alltag nicht mangelt. Wir sind als Menschen alles in einem, Empfänger und Geber, denn:

„Das beste, das wir anderen Menschen geben können, besteht nicht darin, sie an unserem Reichtum teilnehmen zu lassen, sondern indem wir ihnen ihren eigenen offenbaren." (Aimé Forest)

Ja, Gott braucht den Menschen. Ich weiß, wenn ich zu beten beginne, daß Gott darauf *wartet,* ich weiß es, denn wir haben Verlangen nacheinander. Und wenn ich ihm mein Gebet verweigere, dann spüre ich seine Einsamkeit. Als Jesus am Ölberg nach seinen schlafenden Aposteln rief und sie wiederholt darum bat, mit ihm zu wachen, dann ist das ernst zu nehmen. Er brauchte ihre menschliche Nähe:

*„Meine Seele ist zu Tode betrübt,
bleibt hier und wacht mit mir."* (Matthäus 26,38)

Desgleichen halte ich alle Offenbarungen, die im 17. Jahrhundert der französischen Visionärin Marguerite Marie Alacoque über das Christusherz zuteil wurden, für echt und für sehr ernst, denn es ist wahr, daß das göttliche Herz von seiten der Menschen des Trostes bedarf. Man wird mir entgegnen, das sei eine Frage der Interpretation, denn Gott kann und darf uns nicht brauchen, er, der Allmächtige! Nein. Wir haben keine rechte Vorstellung vom Inhalt dieser drei Worte *Gott ist Liebe*, leider sind sie noch nicht tief genug in uns eingegangen. Das ist gewissermaßen verständlich, denn sie bedeuten für das Gotteskonzept die völlige Umkehr des Gewohnten. Üben Sie sich deshalb einmal in dem folgenden Selbstgespräch:

BRAUCHT GOTT DEN MENSCHEN?
WARUM EXISTIERE ICH?

Ich existiere, weil Gott mich in seiner unendlichen Lebensfülle braucht. Er muß mich teilhaben lassen an diesem Leben.
Weil Gott mich in seinem unendlichen Liebesmaß braucht. Er muß mich teilhaben lassen an dieser Liebe.
Weil Gott in mir ein einzigartiges Wesen erschaffen wollte, nicht austauschbar und seiner Liebe unersetzlich.
Weil Gott in mir sein eigenes Kind in die Welt gebracht hat, das sein war seit Ewigkeiten und Zeiten. Ich bin ein Gottessohn. Ich bin eine Gottestochter.
Gott braucht meine Existenz. Gott braucht mein Gebet. Gott braucht meine Liebe.

Weshalb bin ich als Menschenwesen glücklich, wenn ich bete? Hiermit lege ich ein persönliches Bekenntnis aus meiner spirituellen Erfahrung ab. Ja, ich bin glücklich im Gebet, weil ich Gott von mir etwas geben kann, worauf er hofft, was er erwartet, was er braucht. Nicht nur Gott gibt dem Menschen, sondern auch der Mensch gibt Gott. Und wenn wir sagen: *„Herr, wir weihen Dir dies, wir weihen Dir das*

...", dann dürfen wir sicher sein, daß Gott unsere Liebesgeste mit Freude entgegennimmt, weil er sie braucht.

In dieser Weise vernehme ich auch Jesu Schrei am Kreuz:

„Mich dürstet!" Für mein Ohr geht dieser Schrei weit über einen physischen Durst hinaus. Es war der Durst nach der Existenz, die Gott dem Menschen geschenkt hat und die er in einer Dankesbezeugung zurückerhofft, geradeso wie im menschlichen Bereich der Liebende immerzu Gegenliebe erhofft, um sein eigenes Wesen zur Vollendung zu bringen. Auch Jesus muß seinen höchsten Vollendungsgrad erlangen, und er *„ernährt"* sich dabei auch von uns Menschen! *„Mich dürstet"* – eines seiner letzten Worte an die Menschheit. Die Gottesliebe muß zurückkehren an ihren Ausgangspunkt, auf diese Weise wird Christus eines Tages seine Vollendung in der Weltfülle finden. Diese Abhängigkeit Gottes vom Menschen ist sicherlich eines der tiefsten Geheimnisse, die wir hier angerührt haben ...

*„Die ganze Schöpfung wartet sehnsüchtig
auf das Offenbarwerden der* Söhne Gottes.*"*
(Römer 8,19)

Du bist der Schöpfer deines Nächsten

Was haben um alles in der Welt Straußeneier während einer Messe auf dem Altar zu suchen? Bei einem Besuch in den frühchristlichen Klöstern der koptischen Mönche im Wadi el-Natrun, unserer Wüsten-Oase westlich des Nils, hatte ich einmal mit Verblüffung eine Gruppe von Straußeneiern auf dem Altar entdeckt. Nach der feierlichen orthodoxen Messe ließ ich mir von einem dieser freundlichen Wüstenväter die Begründung dafür geben, und ich fand sie sehr tief und sehr schön:

"Die Straußenhenne weiß um die schöpferische Kraft der Kontemplation, denn ihre Eier versteht sie durch geduldiges und liebevolles Betrachten zur Reifung zu bringen und die Küken zum Schlüpfen. Ebenso schaut Gott auf den lebenden Menschen und erwartet dessen zweite Geburt – die Geistgeburt."

Welch eine Antwort! Ich verstand, daß Straußeneier für diese frommen Männer ein Symbol für die Kraft und den Zauber einer liebenden Erwartung sind, ein Zeichen für die Macht des göttlichen Blicks, der ein menschliches Wesen langsam reifen und erblühen läßt und der es schließlich zur Selbsterkenntnis lenkt.

Meine lieben Freunde, heute abend soll uns nun diese im Menschen angelegte Kraft beschäftigen, die in ihrer Substanz eine Energie der Liebe ist. Nachdem wir uns mit dem Thema *Liebe und Existenz, Gottes Anwesenheit in der Materie* und dem *Verborgenen Warum der Schöpfung* auseinandergesetzt haben, führt uns die Existenzreligion nun in den zwischenmenschlichen Bereich, dorthin wo wir alle miteinander Schöpfer sind. Wir öffnen uns dem Mysterium unseres Nächsten und versuchen, unser persönlich erfahrenes Gottesleben an ihn weiterzugeben – wobei das Mittel immer nur die Liebe sein wird.

Der Gottesblick, der auf uns ruht und tief in unserm Innern leuchtet, wirkt effektiv schöpferisch, er fördert unser Werden und geistiges Wachsen und eines Tages unseren Aufsprung zum wahren Sein. Ein Dotter in seiner harten Schale, die es fest umschlossen hält, lebt in sich gekehrt und nur auf sich bezogen eine *„vegetative"* Existenz, unfähig selbst aus sich herauszutreten und sich grundlegend, d.h. gestaltwandelnd zu verändern. Das kann nur von außen her geschehen durch Wärmezufuhr und Geduld, oder durch einen hoffenden Blick der Erwartung. Beziehen wir das doch bitte auf unsere Mitmenschen! Vielleicht haben sie diesen Blick dringend nötig, um erlöst und neugeboren zu werden, befreit aus ihrer Schale, die sie gefangenhält.

Das Gottesmysterium ist ein *Liebesmysterium,* welches schöpferisch wirkt, und auch wir Menschen verfügen über eine Liebesstärke, die im tiefsten Sinn des Wortes schöpferisch ist. Gott selbst hat uns diese Kraft aus sich heraus übertragen, damit wir in Liebe an unserem Nächsten schaffen sollen. In den hervorragenden Büchern der französischen Philosophin Simone Weil finden wir starke Texte über das Wesen der rechten Aufmerksamkeit. Ich zitiere aus *„Attente de Dieu"* (Das Warten Gottes), Paris 1950:

„Praktische Nächstenliebe aufgrund schöpferischer Aufmerksamkeit ist etwas Geniales! Sie besteht darin, den Blick sehr real und gezielt auf etwas zu richten, das nicht existiert. Keineswegs lebt die Menschheit lässig oder träge dahin als ein anonymer Leib am Wegrand der Existenz. Die Samariterin, die zum Jakobsbrunnen kam, wo ihr der fremde Jesus begegnete, schaute zunächst in ihm nicht mehr als die anonyme Menschheit, die für sie abwesend war, und erst die folgende Szene zeigt ihr Erwachen und appelliert an uns alle, daß wir echte Aufmerksamkeit üben sollen. Glauben, sagt Paulus, bedeutet das Universum tatsächlich wahrnehmen. Im Moment wahrer Aufmerksamkeit sind Glaube und Liebe immer beteiligt. Ja! Auch die Liebe sieht das Unsichtbare."

Dem anderen gegenüber voll anwesend sein, ihm wohlwollend offen ins Herz schauen – und nur mit dem Blick der Güte. Solche Aufmerksamkeit wirkt in ihrer Geisteskraft tatsächlich schöpferisch, da sie in der Wesenstiefe des andern mit Sicherheit etwas verändert, sie formt und gestaltet etwas, sie läßt den andern größer und besser werden. Ich finde die ägyptische Mönchsspiritualität bezüglich der Straußeneier bedeutsam, sagt sie mir doch viel über diese koptischen Väter, welche ein Wirklichkeitsgeschehen bezeugen wollen, das sich im Unsichtbaren vollzieht. Wessen Augen können die fortschreitende Entwicklung eines Eidotters verfolgen? Man erhofft ein Straußenküken, man weiß, daß sich dort innerhalb von 42 Tagen neues Leben heranbilden wird, ein sehr geheimnisvolles, stilles Geschehen. Von außen gleichen diese großen und eintönigen Eier eher toten Steinen, aber wie sichtbar ist für die Henne das Unsichtbare! Der Glaube sieht, wie Paulus sagt, und auch diese Henne glaubt. Sie schaut nicht mit den physischen Augen ihres mächtigen Vogelleibes ins Innere der Eier, sondern mit anderen Augen.

„Gott hat die Macht, sich etwas zu denken, das nicht existiert, und damit bringt er es zum Sein" – wir kennen auch diesen Gedanken von Simone Weil. Der Mensch verfügt über dieselben Fähigkeiten, sobald wir von der schöpferischen Liebe sprechen. Das erinnert mich wiederum an Jean Mouroux und dessen Buch *„Le sens chrétien de l'homme"* (Der christliche Sinn des Menschen), Paris 1947, in dem er von der *erlösenden Liebe* spricht. Hier wird dieser Gedanke weitergeführt und vertieft. Ich zitiere:

„Eine Liebe, die es nicht fertigbringt, eine neue Kreatur zu erschaffen, ist nicht echt. Irgendwann bleibt sie

stecken und täuscht sich selber damit am meisten. Der Christ verfügt jedoch über die Macht, seinen Mitmenschen so zu lieben, wie es sein sollte:

Um dieses Menschen willen, der frei ist und ein Gottesgleichnis! Als einen von Christus vollkommen Erlösten! Als Bruder im Ursprung und als Bruder mit demselben Ziel!

Aber wie sehr wird diese edle Möglichkeit verkannt und unter dem Gewicht menschlichen Elends erdrückt? Wie illusorisch und utopisch erscheint uns oft die christliche Erlösung?

Wahre Liebe aber hat etwas Entwaffnendes, etwas Überzeugendes, etwas Erlösendes. Deshalb neigt sich der wahre Christ über seine schuldgeplagten, leidenden Brüder und Schwestern ohne Zweifel und ohne Zögern, weil ihn immer und überall eine Riesenhoffnung bewegt. Er weiß, daß man aus einem ganz gebrochenen Geschöpf frische Kräfte hervorbringen kann, selbst die wahre Unschuld."

Daß sich die Welt in Optimisten und Pessimisten aufteilt, das wissen wir alle und erleben es ständig. Was heißt das aber, optimistisch sein? Es bedeutet jedenfalls nicht, man übersähe in naiv-fröhlicher Lebensart die tragische Seite der Existenz oder man habe keinen Nerv für das Leiden der Menschen, man sei außerdem blind für all ihre Schwächen. Nein, ein Optimist ist derjenige, der hinter den Schattenseiten, die er wohl sieht und erkennt, einen Menschen im Werden schaut, ein Wesen in Vorbereitung auf etwas, das sich offenbaren soll und offenbaren will. Der Optimist weiß, daß dieses Negative nicht das Endgültige ist, weil die Person, um die es geht, noch nicht fertig ist mit sich selbst. Der höhere Mensch steht hinter dieser vorläufigen Erscheinung als Realität – und es ist die *schöpferische Liebe,* die ihn aus diesem Zwielicht, das ihn in seiner Entwicklung belastet, befreit. Wir alle sind Opfer des passiven und aktiven Bösen, und das aktive verurteilen wir im Grunde unseres Herzens, wir wollen es nicht, so wie Paulus es nicht wollte:

„Tue ich doch nicht das Gute, das ich eigentlich will, sondern ich tue, was ich nicht will, das Böse." (Römer 7,19b).

Fähig werden, in unserem Nächsten die *positive Dimension* zu erschließen, welche seine eigentliche ist, sein wahrer Wesensgrund und Kern, seine letztinnerliche Wahrheit. Die *erlösende Liebe* üben, meine lieben Freunde, indem wir einen Blick der Wärme und Güte über unsere Mitmenschen gleiten lassen, denn nur die Augen der Liebe öffnen die Schale und finden ein Wesen in Erwartung darin. Ich selbst mache bei meiner Vortragstätigkeit diese Erfahrung: Der gespannte Blick meiner Zuhörer wirkt auf mich kreativ, mein Geist bringt Dinge hervor, an die ich zuvor nicht gedacht hatte, und schriftlich bin ich nicht vorbereitet. Danach sage ich mir, daß dieser Abend wieder einmal das Werk meiner Zuhörer war, sie haben das Wesentliche durch ihr Erwarten in mir geweckt und hervorgebracht. Und am stärksten ist wohl der Glaube einer Mutter! Alles glaubt und erhofft sie von ihrem Kind, deshalb wächst es in diese Erwartung hinein, und je mehr die Mutter erwartet, umso besser für die Entwicklung des Kindes. Alle haben wir einmal Laufen gelernt, aber wie? Wir liefen in die ausgebreiteten Arme unserer Mutter hinein, die es *erwartete*.

Meine lieben Freunde, mit den *Christus-Wundern* hat es sich ebenso verhalten, so fühle ich es zumindest.

„‚Ich sage dir, steh auf, nimm deine Bahre und geh nach Hause!' Und er stand auf, nahm seine Bahre und ging sogleich vor aller Augen weg."
(Markus 2,11–12)

Dieser Gelähmte hatte an seine Heilung geglaubt, er hatte an die erlösende Kraft dieses Jesus von Nazareth geglaubt, und dieser absolute Glaube hat das Wunder bewirkt. Deshalb sagte Jesus auch nicht zu ihm: *„Schau her, ich habe dich geheilt!"* Sondern er sagte: *„Dein Glaube hat dir geholfen."*

„Die Frau sagte sich: Wenn ich auch nur sein Kleid berühre, so wird mir geholfen sein. Doch Jesus wandte sich um, sah sie an und sprach: ‚Nur Mut, meine Tochter, dein Glaube hat dir geholfen.'"
(Matthäus 9,21–22)

Und was sagte er zu den Blinden, die ihn so inständig baten, sie zu heilen?

"Glaubt ihr, daß ich das tun kann?" – *"Ja, Herr!" erwiderten sie ihm, und er berührte ihre Augen, wobei er sprach: "Wie ihr geglaubt habt, so soll euch geschehen!" Da öffneten sich ihre Augen.*
(Matthäus 9,28b–30a)

Der Glaube heilt den Menschen, der Glaube rettet, der Glaube macht sehend – und es ist das ganze Geheimnis unserer Existenz, daß das Wunder in uns liegt. Alle verfügen wir über eine innere Macht, die noch verdeckt, auf dem Grunde unseres Wesens ruht wie ein ungehobener Schatz, wir sind uns dieses Besitzes noch längst nicht bewußt geworden. Die Liebe eines andern offenbart ihn uns, sie ist dieser Glaubensakt, sie ist diese stille und fruchtbare Erwartung, diese Zuversicht, dieses Vorauswissen. Es gab einmal in der englischsprachigen Zeitschrift *Selection* einen Artikel mit dem Titel *"The courage to trust"* (Mut zum Vertrauen), mir gefiel bereits dieser Titel. Das Wörtchen *"trust"* meint im Englischen all das zusammengenommen – Glaube, Vertrauen, Zuversicht – und es entspricht dem französischen *"faire confiance"* (Vertrauen tun), ein Vertrauensakt.

"Vertrauen ist Glaube an den andern, es ist die Bereitschaft, in einer bestimmten Angelegenheit eine

Wette zum Besten einzugehen, nämlich daß unser Nächster gute Absichten hegt und nur die allerbesten."
(SELECTION)

Wie eine Wette soll ich meinen Glauben an den andern praktizieren, weil ich sicher bin zu gewinnen – und deshalb gewinne ich. Gilt das nicht auch für das banalste Geschäftsgebaren? Der waschechte Geschäftsmann glaubt mit bestürzender Sicherheit an sein Wagnis, an seine Nase, und er wird reich dabei, furchtbar reich!

Wir sagen, es gäbe Menschen, die *"Vertrauen säen"* auch das ist sprachlich gut erfaßt. Wo immer solche Menschen auftauchen, bildet sich sofort ein besonderes Klima, in dem die andern aus sich herausgehen und ihre Masken beiseite legen, weil sie *"sie selbst"* sein dürfen. Leider gibt es auch ihr Gegenbild, jene, die ihre Umgebung blitzartig verfremden, wo sich die Anwesenden verkrampft und still in sich verschließen, weil ein kalter Blick sie stach, eine Aburteilung sie traf. Im Bruchteil einer Sekunde war ein Richtspruch über ihnen niedergegangen. Glauben wir bitte nicht, daß diese Dinge telepathisch nicht aufgefangen werden! Anstelle von Entgegenkommen, eine Zensur, die schmerzlich gespürt und sehr wohl verstanden wird. Deshalb die Warnung an uns alle:

"Richtet nicht!" (Matthäus 7,1 / Lukas 6,37)

Richtet niemanden, auch dann nicht, wenn vor Euren Augen ein falsches Leben geführt wird, sondern bedenkt, daß sich dieses Leben noch tastend und suchend im Werden befindet, im *Immer-Besser-Werden*. Das wahre Wesen schlummert noch in der Tiefe. Bitte legen wir deshalb niemanden fest in unserem Urteil, denn wir können ohnehin nur den Augenblick „*richten*", der Rest mißlingt uns. Was weiß einer schon von den menschlichen und spirituellen Möglichkeiten des andern? Güte blüht dort auf, wo einer dem andern alle Wege offenhält, sich zu verändern, ganz zu verändern.

„Ich habe immer an die Redlichkeit meiner Feinde geglaubt und an meine Glaubenskraft, obgleich sie es auszunützen wußten und mich elf mal nacheinander betrogen haben. Doch ich habe mit einfältiger Sturheit weitergeglaubt – an sie! Beim zwölften Mal haben sie es nicht mehr gewagt, und jetzt war es geschafft. Es muß für sie wohl eine angenehme Überraschung gewesen sein, ihre eigene Anständigkeit entdeckt zu haben. Nun gehen wir immer sehr zufrieden voneinander – mein Feind und ich." (Gandhi)

Ganz ähnlich hat sich auch Saint-Exupéry ausgedrückt: *„Ich habe keine Feinde, denn ich betrachte den Feind als Freund, und so wird er es werden."* Glaube, der andere seit gut, das macht ihn gut! Glaube, der andere sei ehrlich, das macht ihn ehrlich! In Kairo erzählte mir jemand von seinem

Markthändler, der ihn fortwährend mit faulem Gemüse und Kleingeld betrogen hatte. Trotzdem ist er immer wieder zu ihm gegangen. Er wollte damit seinen Glauben an ihn bekunden und seine Geduld demonstrieren und siehe, eines Tages wurde er nicht mehr betrogen. Der Betrogene hatte dem Betrüger die Chance verschafft, sich zu ändern. Dieses Verhalten ist für mich eine der besten Formen praktischer Nächstenliebe, ausgetragen auf einem Feld, auf dem die Liebe die Bosheit überwächst und sie dahin bringt, sich ihrer selbst zu schämen und sich zu läutern. Hier haben wir das Prinzip christlicher Vergebung unter den Menschen im Alltagsleben, und ist das nicht auch das Prinzip des rechten Backenstreichs nach dem linken?

„Ich aber sage euch, leistet dem Bösen keinen Widerstand!" (Matthäus 5,39a)

Sonst gerätst Du in einen Konfliktkreisel ohne Ende. Widerstehst Du aber, dann verpflichtest Du den andern, seine Strategie zu ändern und vielleicht seine Bosheit auszuschwitzen, wobei er frei werden und sich auf höhere Ebenen des Menschseins erheben kann. Besser, auch noch die zweite Wange hinhalten. Besser, zwei Meilen mitgehen, wenn man Dir eine abzwingen will. Besser, noch den Rock ausziehen und dazulegen, wenn Dir Dein Mantel abgenommen wird – Christus-Worte ...

In Kairo hat mir jemand das Folgende gesagt: *„Ich*

gebe den Armen und gebe und gebe ihnen, und doch werde ich nur von ihnen betrogen. Mir bleibt aber wenigstens der Trost, sie nicht übergangen zu haben."
Das fand ich sehr schön, und Charles Péguy hätte ihm bestimmt geantwortet: *„Richtig so, denn welche Liebe ist nicht närrisch?"* Auch die Nächstenliebe hat, wenn sie echt ist, ihre närrischen Züge.

„Ganz sicher gewähre ich den meisten Menschen einen viel größeren Kredit, als sie verdienen. Schwachsinn? Nein! Ich tue das in voller Absicht, denn ich meine, es sei besser, lieber vielen Menschen einen zu hohen Kredit einzuräumen, als einem einzigen unter ihnen einmal weniger zu geben, als er verdient hat."
(Charles Péguy)

Akzeptieren wir in Gelassenheit, daß wir uns gelegentlich in den Menschen verkalkulieren. Im Zweifel lieber mehr geben, sehr viel mehr sogar. Seien wir großzügig, großmütig und großherzig im Umgang mit unserer Vertrauensspende. Wie sehr ist man in der weltlichen Ehe und in der geistlichen Gemeinschaft bestrebt, seine persönlichen Ansprüche geltend zu machen. Offenkundig, diplomatisch oder im zornigen Selbstgespräch wird auf die eigenen Rechte geklopft und um das letzte Wort gefeilscht. Was aber bringt uns das letzte Wort? Außer einer Kurzbefriedigung nicht viel, weit führt es uns nicht. Überlassen wir es ruhig dem andern und gewähren wir ihm damit eine Besinnungschance. Und wenn ihm seine Selbstüberwindung gelingen sollte, dann waren wir es, die ihn wachsen ließen, die ihn gefördert und *„erhöht"* haben, und damit haben wir ihn erlöst. Jesus war es nicht ums letzte Wort gelegen, er zog es vor zu schweigen und schweigend an ein Kreuz geschlagen zu werden, auf diese Weise bekam er das letzte Wort. Sein Schweigen am Kreuz wurde zum Zeichen seiner Liebe.

All das hat mit Nächstenliebe zu tun, all diese Begebenheiten aus dem Alltag, die wir aufgezählt haben. Das Gebot *Liebe deinen Nächsten* greift ausnahmslos in alle Gebiete des Lebens hinein, so ist es vor allem auch das Geheimnis guter Erziehung, die ein Vertrauensakt ist, ein *„faire confiance"*. Der gute Erzieher hat Vertrauen in die unendlichen Möglichkeiten einer Kinderseele, das ist sein erstes Gebot, sonst bliebe Erziehung nur ein Herumbasteln an jungen Menschenwesen. Wirkliche Jugenderziehung ist nicht eine pädagogische Wissenschaft, sondern vorrangig eine Lebenskunst, und ich will sie sogar eine Liebeskunst nennen. Niemand kann die Entwicklung eines Kindes manipulieren oder beschleunigen, es gibt keine Rezepte, außer dem einen: *Liebe deinen Nächsten!* Wer eine Blüte erwartet, der wird die Knospe nicht mit den Händen aufbrechen, er würde sie damit verderben, und auch Menschenkinder lassen sich verderben. *„Lach doch! Sag doch was!"* Solcher Worthagel fördert nicht das Sich-Öffnen, sondern den Verschluß. Eine Kinderschüchternheit müssen wir liebevoll überspielen und eine positive Erwartung in unsere Augen legen, nur sie bricht die Schale auf, und unser Lächeln wird beantwortet werden, dann folgen auch schon die ersten Worte. Unendliches Feingefühl ist notwendig, deshalb muß ich viel leiden, wenn ich Erwachsene all die Dummheiten reden höre, sobald ein kleines Kind in seiner natürlichen Hemmung den Raum betritt. Wie ist es möglich, daß die Großen so viel Unverstand an den Tag legen? Ständig erlebe ich dieselben Szenen ... Obwohl sie den Kleinen herzlich wohl gesinnt sind, schaden sie ihnen schmerzlich, denn sie sind sich ihres schöpferischen Auftrags nicht bewußt. Sie können ein Kind bilden und auch verbilden. *Ich bin der Schöpfer meines Nächsten.*

Wer sich in seinen Studienbüchern in den großartigen Theorien von Pädagogik und Psychologie verblockt und versucht, diese Prinzipien wortgetreu am Objekt zu erproben, darüber hinaus aber nichts eigenes dazulegt, wird nicht weit kommen. Dekoriert mit mehreren Erziehungsdiplomen steht Ihr dann vor Euren Schülern,

„aber wenn Ihr die Liebe nicht habt, dann ist alles dröhnendes Erz oder eine lärmende Pauke".
(1 Korinther 13,1b)

Kreativ ist einzig Eure liebende Erwartung. Unterricht ist ja so viel mehr als allgemein angenommen wird, und keineswegs darf ein Klassenzimmer ein Vortragsraum sein. Der gute Lehrer arbeitet in der Art des großen Sokrates, der im Schüler die Antwort erschuf und damit den gesamten Fortlauf des Gedankenganges. Sokrates stellte hauptsächlich Fragen, die Antworten hat er von seinen Zuhörern erwartet, er hat sie ihnen entlockt, das war sein schöpferisches Tun, sein *„Heranbilden"* von Wissen und Erkenntnis. Ziel guter Erziehung ist letztlich die Selbstwerdung der jungen Wesen durch ihre Selbsterkenntnis – also eine *Geistgeburt.*

Auch die unablässige Kontemplation der Strausseneier von seiten der Henne ist aktives Tun im sicheren Glauben, eine *„faire confiance".* So hat es auch bahnbrechende wissenschaftliche und parawissenschaftliche Tests mit der Wahrnehmungskapazität von Pflanzen gegeben. Durch systematische Messungen ist bewiesen worden, um wieviel schneller, besser und *„glücklicher"* Pflanzen wachsen und gedeihen, wenn man es von ihnen erwartet, wenn man freundlich mit ihnen umgeht und zu ihnen spricht, kurz: wenn man sie liebt. Man lese hierzu den Welt-Bestseller der Verhaltensforschung der beiden Autoren Peter Tompkin und Christopher Bird *„Das Geheimnis der Pflanzen",* New York 1973, und erlerne dabei Demut und Staunen. Sollten wir nicht annehmen, daß diese Erkenntnisse erst recht für unsere Menschenkinder Gültigkeit haben? Nur Liebe läßt etwas ganz Neues entstehen, nur Liebe wandelt Tiefenstrukturen. Jedes wahre Wachstum bedeutet Wandlung.

Und jetzt nehme ich mir die Freiheit, Ihnen ein

Märchen nachzuerzählen, das ich sehr liebe und für eines der schönsten aller Märchen halte. Vermutlich kennen Sie diese tiefsinnige französische Geschichte aus dem 18. Jahrhundert, Vorbild für den berühmten Jean-Cocteau-Film *„La Belle et la Bête"*. Für mich ist dieses Märchen von tiefer, von absoluter Wahrheit, und ich sage oft, daß die Märchen – und nur sie allein – die Wahrheit wirklich darzustellen wissen, der ganze Rest ist zweifelhaft, durchsetzt mit Falschem. Leider.

„Es war einmal ein wunderschönes Mädchen mit langem blonden Haar und strahlenden Augen, das sich im Wald verloren hatte. Endlich kam es erschöpft zu einem prächtigen Portal, das sich selbsttätig öffnete und es einlud, die Allee zum Schloß heraufzukommen.

Dort stieg es die breiten Treppen empor, und wieder wurden ihm die Türen geöffnet, doch es sah niemanden. Es trat ein und lief durch weite Spiegelsäle mit einer Fülle von Kostbarkeiten, die es bewunderte. Neben ihm ging ein brennender Leuchter, getragen von unsichtbarer Hand.

Als das Mädchen zu einer Treppe kam, die nach oben führte, ging es hinauf. Der Kerzenschein geleitete es in ein Schlafgemach, die unsichtbare Hand schlug die Decke zurück, das Mädchen legte sich und schlief sofort ein.

Am Morgen war es noch immer allein, aber die unsichtbare Hand brachte ihm das Frühstück. Es trat ans Fenster und entdeckte hinter dem Schloß einen traumhaften Park, der darauf wartete, daß man ihn bewunderte. Ja, dort wollte es spazierengehen!

Auch dort war das Mädchen allein. Ganz allein? Es hörte ein Geräusch, es fühlte eine Anwesenheit ... Da – eine Bewegung! Wer war da? ... Jetzt entdeckte es hinter einem Blütenstrauch etwas ganz Unmögliches, ja etwas Tödliches, sodaß es augenblicklich floh und Sicherheit im Schlosse suchte. Ein Wesen hatte es angeschaut, ein greisenhafter Mensch, ein Ungeheuer, ein wildes Tier? Alles in einem! Vor allem aber war es von schwindelerregender Häßlichkeit.

Doch am nächsten Morgen siegte die Neugier über die Angst und lockte das Mädchen erneut in den Garten und wieder zu diesem Blütenstrauch. Dort blieb es stehen und wartete – bis dieses Unwesen sich regte und zeigte. Und wieder erstarrte das Mädchen, blieb aber einen Augenblick länger, denn dieses Schreckensbild wich bei genauerem Hinschauen einem Jammerbild, das die Seele des Mädchens erschütterte. Aber dann überwältigte es die Angst, es floh – und so ging es Tag um Tag.

Jeden Morgen wagte sich das Mädchen ein wenig näher an diesen Blütenstrauch heran, und wenn das Ungeheuer es ansah, dann blieb es tapfer stehen und erwiderte den Blick, diesen unergründlichen Blick, den es enträtseln mußte. Wer war dieses Wesen? – Täglich blieb es einige Sekunden länger, später waren es Minuten, und langsam wichen Angst und Abwehr der Neugier mehr und mehr. Später wurde aus der Neugier ein ernstliches Interesse an diesem fremden Wesen, mehr noch, dem Interesse folgte das Mitleid, das Mädchen wurde von einem starken Mitgefühl gepackt, weil es in diesen Augen eine endlose Traurigkeit erkannt hatte, ein sehr schweres seelisches Leiden. Dieses Mitleid war wesensecht, weshalb ihm bald eine zarte Zuneigung entwachsen konnte, sodaß es eines Tages flüsterte: ‚Du armes Wesen! Was mußt Du leiden!'

Nun wuchsen im Herzen dieses Mädchens Mitleid und Zärtlichkeit zusammen, bis aus dieser Zuneigung die Liebe geboren wurde, eine Tag um Tag stärker werdende Liebe, eine echte Liebe. Und an dem Tage, als sich diese Liebe zur Herzensleidenschaft verdichtet hatte, auf dem Gipfel der Liebe also, verwandelte sich das abgrundhäßliche Zwitterwesen in einen strahlenden jungen Mann. ‚Danke!' sagte er.

Eine Hexe hatte ihn vor langer Zeit verzaubert gehabt und ihn dann grinsend getröstet: ‚Warte nur auf eine Schöne, die sich in dich verlieben wird – dann bist du erlöst.'"

(frei erzählt nach Leprince de Beaumont)

Das ist kein Märchen! Für mich ist dieser Text *Wahrheit,* und seine Botschaft reicht weit. Meine lieben Freunde, solange uns nicht der Wahrheitsgehalt der Märchen aufgeht, solange bleiben wir gescheite, aber sehr beschränkte Leute, die nur an das glauben können, was ihnen streng wissenschaftlich bewiesen wird oder, noch einfacher, was sie selber sehen und berühren können. Andererseits haben wir aber gehört, daß man das Unsichtbare schauen kann, wenn man liebt, daß die Liebe an das Verborgene glaubt und das Zukünftige sieht. Deshalb ist sie schöpferisch. Ich freute mich, als ich einmal bei Rilke ähnliches gelesen habe. In all den tollen Geschichten von lieblichen Prinzessinnen, die von Schreckensdrachen verwandelt und beherrscht werden und die nur ein furchtloser Held befreien kann, stecken viel mehr Wahrheiten, als man annehmen möchte, sagte Rilke. Und immer sind es die Liebe und die Güte, die überall aktiv anwesend sind, es ist der Aspekt des Opferns und Verzichtens eines anderen Wesens, der *Märchenwunder* geschehen läßt.

Ein junger Mann begründete mir kürzlich seine neue große Liebe mit den Worten: *"Ich liebe sie, denn sie ist einfach liebenswert!"* Im ersten Augenblick mußte ich schweigen, dann gelang es mir aber doch, mich in ein tieferes Gespräch mit ihm zu begeben. *"Und was geschieht mit den andern?"* fragte ich, *"weshalb fehlt es ihnen an Liebenswürdigkeit?"* Sitzen wir nicht fest in einem tückischen Gedreh, denn wir spielen auch das Spiel mit uns selber: *"Liebe? Nein! Und wenn ich so täte, dann würde ich heucheln, aber ich will nicht scheinheilig sein."* Mein Vorschlag: Gib! Gib! Wage es, leiste es Dir, jemandem großzügig einen Vorschuß zu geben. Zur Nächstenliebe braucht es keine Heuchelei, denn sie ist angelegt in jedem von uns. Lächle denn! Lächle verschwenderisch und verschwenderisch echt, schließe eine Zukunftswette mit Dir selber auf dieses Wesen ab, denn Deine Vorschußliebe wird es verwandeln, so sehr, daß es Dich verblüffen wird! Es gibt ja doch einen Unterschied zwischen freier Ehrlichkeit und tierischem Ernst. Man kann durchaus ehrlich sein und trotzdem charmant. Nein, vergessen wir bitte die anderen nicht, damit sie durch uns liebenswert werden.

„Liebe dort, wo keine Liebe zu finden ist,
dann wirst Du dort Liebe finden."
(Johannes vom Kreuz)

Haben Sie es denn noch nicht erlebt? Es gibt Augen, die sich wie ein geheimer Schrei an Sie heften – ein Wesen zittert. Es zittert, weil es meint, nie mehr im Leben Liebe zu finden ... Wenn einem dieser Blick nicht entgeht und, wenn man ihn recht versteht und von allem anderen zu unterscheiden weiß, was Augen enthalten und signalisieren können, wenn man auf diesen Hilferuf in der angemessenen Weise zu antworten weiß, dann übt man notwendige Nächstenliebe – notwendige!

Noch einmal komme ich auf die Mütter zu sprechen, denn vermutlich werden immer sie es sein, die sich am unproblematischsten auf die Nächstenliebe einlassen, die Mutterliebe ist der Prototyp einer jeden anderen Liebe, denn mühelos überschreitet sie die Dimensionen von Zeit und Raum, sie liebt bereits das Ungeborene! Wir alle sind von diesem Appell betroffen, Laien wie Geistliche. Das mögen bitte auch diese und jene Angehörigen geistlicher Ordensgemeinschaften beherzigen, die sich fortwährend beklagen, es gäbe unter ihnen zu wenig Liebe. Du irrst, wenn Du die Liebe erwartest wie eine Gestalt, die auf Dich zukommen soll. Geh Du ihr entgegen! Zögere nicht! Geh! Was könntest Du Dir vergeben? Beginne dort Liebe zu erschaffen, wo die Liebe noch abwesend ist und erfreue Dich später an der Frucht Deiner Saat.

Die Tragik will es, daß eine Unzahl von Menschen ihre kreativen Fähigkeiten ein Leben lang und auf keinem Feld ihrer Existenz zur Anwendung bringt. Dabei ist die entscheidendste Gottesgabe, die wir erhielten, ein Herz zum Schaffen, ein Herz zum Lieben. Uns Gotteskindern, uns Söhnen und Töchtern des Schöpfers, ist die tätige Liebe eingegeben. Werden wir uns doch dessen bewußt, denn:

„Weil Gott den Menschen aus Liebe erschaffen hat, kann der Mensch nicht leben ohne zu lieben."
(Catharina von Siena)

Und doch waltet die Trägheit, unsere schöpferischen Kräfte werden liegengelassen, wie ein unbestelltes Feld ruhen sie irgendwo unbeachtet, ungenutzt oder sie werden nur zu einem Zehntel gebraucht. Was aber wird das Zeugnis eines solchen Lebens sein, was sein Ertrag? Mangels Selbstvertrauen und mangels Gottvertrauen wurden die eigenen Schöpferkräfte ignoriert, mangels Risikobereitschaft ist nichts Wirkliches geleistet worden, weil nicht wirklich geliebt wurde. Leben aber heißt lieben, und lieben heißt etwas riskieren!

Im Zuge dieses ernsten Appells will ich dennoch auf eine Falle hinweisen, die uns unter Umständen von der Nächstenliebe gestellt wird. Eine hochherzige Hingabe als reines Geschenk ohne jedes Spekulieren auf Gegenleistung, diese noble Form der Liebe kann auch danebengehen, wenn es sich um Menschen handelt, die nicht das Geringste dafür annehmen, sondern in maßlos übertriebener Weise unaufhörlich immer nur geben wollen. Dieser Apostel der Nächstenliebe kann den andern unerträglich werden, denn es mag für sie zum Davonlaufen lästig sein. Warum? Weil diese Menschen in ihrem Übereifer keinen Austausch zulassen, und Liebe ist Austausch – auch die Nächstenliebe soll es sein auf diese oder eine andere Weise. Sie wollen allein nur der Geber sein, wodurch aber die Entwicklung einer tieferen Beziehung verhindert wird. Beide Teile müssen beides akzeptieren, Geben wie Nehmen, denn beide sollen dem andern die Würde des Grundes zukommen lassen:

„Lieben heißt, dem andern die Würde des Grundes geben." (André Marc)

Das ist kreative Liebe, meine Freunde, kreative Liebe höchsten Ranges! Ich erschaffe nicht nur meinen Nächsten, sondern ich helfe ihm, selbst schöpferisch zu handeln. Hier wird Liebe zum edelsten Tun überhaupt. Wenn das Christentum nachweislich von schöpferischem Wert für die Menschheitsgeschichte ist, dann deshalb, weil es der Welt eine Tiefendimension erschlossen hat, die wir *Agape* genannt haben. Die *Agape* ist jener freie Akt selbstloser Liebe, der nur vom Glauben her gerechtfertigt wird, und sie ist der Akt der *ewigen Christusliebe*.

„Gott aber zeigte uns seine Liebe dadurch, daß Christus für uns gestorben ist, als wir noch Sünder waren."
(Römer 5,8)

Warum nennt man die christliche Erlösung eine Neuschöpfung? Weil Christus uns durch unsere Unwürde hindurchgeliebt hat, die unendliche Summe unserer Fehler übergehend, durch unsere dunkelsten und häßlichsten Zonen hat er uns hindurchgeliebt, und nur eine solche Liebe konnte uns von dort heraufholen. Die Erlösung ist der Akt, durch den Gott den Menschen aus dem Schlund des Bösen genommen und ins Licht, in die Ordnung zurückgestellt hat. Das christliche Mysterium wirkt sich in zwei Schritten aus, man nennt es *„Schöpfung"* und *„Erlösung"*. Während der Schöpfungsstunde brachte die göttliche Liebe den Menschen vom Nichtsein zum Sein, und während der Erlösungsstunde heißt es: *„Mensch! Im Chaos stehst du durch deine Sünde! Jetzt hast du einen tieferen Stand erreicht als vor der Schöpfung, doch ich werde selber kommen und dich erlösen!"* Und Christus kam, er stieg hinab in die Abgründe des Chaos und bis an seinen tiefsten Grund, um den Menschen wieder aufzurichten und in die Ordnung zurückzubringen, zurück ins göttliche Sein. Aus diesem Grunde nennt man die christliche Erlösung eine *Neuschöpfung*.

Freilich wird dieses Geschehen ein Mysterium für uns bleiben, niemals werden wir eine voll gültige Vorstellung von diesen *„himmlischen Vorgängen"* bekommen, die Erlösung bleibt ein Geheimnis. Eines aber ist sicher: Die geheime Kraft der Erlösung hat sich während der zweitausend Jahre vor unseren Sinnen wahrnehmbar langsam entfaltet. Wenn aber unser modernes Christentum und der moderne Mensch Sinn und Gespür dafür wieder verlieren, dann fallen wir zurück in die Barbarei. Warnende Zeichen werden regelmäßig sichtbar, um diese Rückentwicklung abzuwenden. Eines davon ist die beklagenswerte Tatsache, daß die *Agape* dem *Eros* heute das Feld geräumt hat. Zu allen Zeiten der Menschheitsgeschichte war das ein Alarmzeichen für die Gefahr, in der sich eine Zivilisation befand.

Du aber bist der Schöpfer Deines Nächsten! Dieses Thema umfaßt auch das Zusammenwirken von Liebe und Menschenkenntnis. Inwieweit erkenne ich überhaupt den andern? Meine Antwort wäre: *„Vom andern erkennst Du nur das, was Du in ihm* *verändert hast"*. Das ist die Wirksamkeit authentischer Nächstenliebe, einschließlich der erotischen menschlichen Liebe, auch wenn das geflügelte Sprichwort es will, daß Liebe blind mache. Im Gegenteil, Liebe macht sehend und nur sie allein, sie sieht das Wesentliche, das Verborgene, das Kommende. Im Arabischen sagt man deshalb:

"EL ÉRD FI' AIN OMMOU GHAZÁL"
(Das Äffchen ist in den Augen der Mutter eine Gazelle)

Das kleine Affenkind ist in den Augen der eigenen Mutter das graziöseste, schönste und eleganteste aller Tiere – eine Gazelle. Hat die Mutter unrecht? Keineswegs, denn sie liebt es, sie fördert alle Tage seine Entwicklung zum Allerbesten, sie will es immer vollkommener und immer schöner werden lassen. Für sie ist es bereits vollkommen.

Das Erkennen eines andern Menschen geht über einen geistigen Erkenntnisvorgang, der wiederum durch die aktive Liebe hindurchgeht. Man kennt und erkennt nur das, was man wirklich liebt und dadurch liebend erschafft. Gewiß gibt es die anderen unter uns – sie zögern, sie mißtrauen, sie warten ab, sie können nur so schwer an *"positive Resultate"* glauben, es sind diejenigen, die erst über ihr Gehirn laufen müssen, um dann ihr Herz zu erreichen. Wie unbekümmert arbeiten neben ihnen die andern sofort mit dem Herzen, und wie schnell gewinnen sie

Menschenkenntnis, denn *„nur mit dem Herzen sieht man gut"*, wie Saint-Exupéry sagt.

Auf dem rein mathematisch-wissenschaftlichen Gebiet müssen wir selbstverständlich zunächst die intellektuelle oder zerebrale Ordnung anrufen ..., was geschieht aber, wenn den Schülern der Mathematiklehrer zuwider ist? Seinen Lehrsatz werden sie nicht begreifen, denn wenn der Lehrer unbeliebt ist, dann ist auch sein Fach ein Greuel, und das Verstehen fällt schwer. So geht selbst im intellektuellen Bereich die Erkenntnisarbeit über das Herz und im überragenden Maß beim Erforschen einer menschlichen Persönlichkeit, denn ein Wesen offenbart sich nur gegenüber einem anderen Herzen und verschließt sich eher vor dem Verstand. Ich glaube, daß nur das Herz Zutritt zum Mysterium einer Person erhält, so beginnt auch schon jede Freundschaft gleich welcher Altersstufe. Eine Person ist weder eine mathematische Gleichung, noch ein kompliziertes Gebilde aus chemischen Formeln, was leider von manchen Naturwissenschaftlern angenommen wird, sondern sie ist ein *geistiges Mysterium*, das *Herzensarbeit* erfordert, um zugänglich zu werden.

All das müssen wir den allzu überzeugten Intellektuellen unter uns gut erklären, die Schwierigkeiten mit der Gotterkenntnis haben, weil sie diese selber zum Problem manipulieren – freilich ohne sich dessen bewußt zu sein. Die ernstlich Suchenden sagen mir: *„Pater Boulad, beweisen Sie mir Gott, dann glaube ich an ihn, und ich werde ihn auch lieben."* Nicht selten höre ich sie so sprechen, als säße ich mit in ihren Labors, dort, wo man exakte Forschung betreibt und materielle Beweise erstellt. Dann sage ich: *"Sei mutig! Wage es, Gott zunächst vorbehaltlos zu lieben, dann ist es nur eine Frage der Zeit, wann er sich Dir als höchstes Prinzip der Liebe offenbaren wird. Glaube mir, die Gotterkenntnis ist keine intellektuelle Arbeit, sondern ein Engagement des menschlichen Herzens."*

Selbst die Theologie macht es sich heute schwer. In früheren Zeiten war sie ein *mystischer Bereich des Lebens* – denken wir an den großen mystischen Theologen des vierten Jahrhunderts Gregor von Nyssia. Später wurde sie *spirituell,* dann *dogmatisch,* und heute will sie exegetisch sein, also bibelwissenschaftlich, und damit sind wir auf dem niedersten Stand angelangt. Warum? Es hat die Folge, daß das religiöse Leben den Gläubigen zum Problem geworden ist. Ihr Gebet wurde zur metaphysischen oder theologischen Reflexion umfunktioniert, sodaß schließlich eine exegetische Kopfarbeit daraus entstanden ist. Das aber ist nur ein magerer Gebetsersatz. Da werden Bibelstellen wissenschaftlich auseinandergepflückt und sprachhistorisch genauestens untersucht, und es gibt eine große Anzahl von Laien, die sich heute auf diese Weise beschäftigen und es ihr spirituelles Leben nennen – oder gar ihr Gebetsleben – und das besorgt mich. Es mag sein, daß unsere moderne Theologie jetzt dabei ist zu entarten, sie ist dekadent geworden aufgrund ihrer unablässigen Exegese. Grundsätzlich bin ich keineswegs gegen eine historisch-kritische Exegese, sie ist notwendig, doch läßt man damit den Menschen, um den es gehen soll, allein. In der Fachwelt wird das Ganze noch glorifiziert, der eine Exeget bewundert den andern in seitenlangen Artikeln, und dann erstaunt es mich nicht, daß viele Menschen über dieses Sprach-Chinesisch ihren Glauben verlieren, man gibt ihnen keine echte Nahrung mehr vom Tisch der hohen Herrschaften. Leider ist man dort überzeugt, daß die Gotterkenntnis eine peinlich genaue und streng wissenschaftliche Analyse verlange, ohne die der moderne Mensch nicht zu glauben gewillt ist. Immenser Irrtum!

Ich kann nicht umhin anzunehmen, daß heute die koptisch-orthodoxe Kirche in der Handhabung der biblischen Bilder recht bekommt, die sie immer sehr großzügig hingenommen und an ihre Gläubigen weitergegeben hat, so wie sie dastehen. Einer ihrer engagierten Priester soll seiner Gemeinde einmal geraten haben: *„Glaubt es! Auch wenn dastehen würde, der Jonas habe den Walfisch verschluckt und nicht der Walfisch den Jonas, so glaubt es doch!"* Wir schmunzeln, und ich will so weit nicht gehen, doch fühle ich, daß viele Bibeltexte nicht mit der Lupe untersucht und jeder Buchstabe auf die Goldwaage gelegt werden sollten. Machen wir doch aus der Gotterkenntnis keine Strukturanalyse, denn diese ist leider heute bis in die Bibelforschung vorgestoßen. Der einzige Schlüssel zur Erkenntnis wird immer die Liebe bleiben. Menschenerkenntnis und Gotterkenntnis erlangen bedeutet, sich unermüdlich in der Liebe zu üben. Es gibt keinen anderen Weg, der sicherer wäre. Und dann leben wir eine *Existenzreligion,* die uns ans Ziel bringt, besser als alle Theorien ... Ein Wort meines Philosophieprofessors in Frankreich habe ich nie vergessen, weil ich mein Lebtag erfuhr, wie wahr es ist:

*„Die menschliche Person ist keine Gabe,
sondern eine Aufgabe."*
(Pater Agaesse)

Eigentlich ist das menschliche Wesen sich selbst gegenüber ein unbekanntes Universum und erst recht für die andern. Zugleich aber wirkt dieser rätselhaft erscheinende Seelengrund wie ein Appell an die Mitwelt, aufgedeckt und verstanden zu werden. Ein Mensch sehnt sich im stillen danach, unmißverständlich erkannt zu werden, er leidet, wenn er verkannt wird! Und die Liebe fühlt es, weshalb sie sich weigert, einen Menschen als fertiges Produkt anzusehen, ein und für allemal für die Welt etikettiert. Nein. Kraft seiner Transzendenz weist sein Menschsein hoch über ihn hinaus, und dort auf dieser anderen, auf dieser höheren Seinsebene, muß ich ihn suchen. Nur dort, wo ich niemals mit ihm ans Ende komme, dort werde ich ihn finden und *„tätig"* lieben. So erschaffe und verwirkliche ich meinen Nächsten und werde selbst dabei zum Schöpfer.

Du fragst: *„Wie weit werde ich mit ihm kommen?"*, doch *„hier gibt ein Abgrund an den andern weiter"*, wie es im Psalm 42 heißt, denn niemals wirst Du an eine Grenze stoßen, weil es keine gibt! Die Person, die Du ergründen willst, ist *Geist*. Deshalb irre ich mich keineswegs, wenn ich schon heute in ihr sehr viel mehr schaue, als das mir Sichtbare, mehr als ihr Dasein bisher von ihr verwirklichen konnte, denn sie ist zur fortschreitenden Selbstüberwindung berufen – und zur Transzendenz. Wir alle stehen in dieser Berufung. Nie kommt ein Mensch mit sich selbst ans Ende und nie ein anderer mit ihm. Nur die persönliche Liebe, die er erfahren darf, wird ihn reicher machen, wird ihn fördern und ihn positiv verändern, sodaß er sich selbst dabei zu transzendieren vermag.

Wer es bewußt erlebt, macht unaussprechliche Erfahrungen. Du bist nicht Schöpfer irgendwelcher Dinge, so berauschend schön und kostbar sie auch sein mögen, sondern Du erschaffst das Edelste – ein menschliches Wesen. Dafür braucht es nicht mehr als das *„Kostbarnehmen"* des andern und das Wissen um seine *Einzigartigkeit* in dieser Welt. Damit Deine Liebe schöpferisch werde, muß das Wesen in Deinen Augen diesen Absolutheitswert erlangen, denn erst in dieser Stunde wird sein wahres Wesen geboren. So empfunden auch vom großen Rilke, den ich noch einmal nennen möchte. Er sagte etwa das Folgende: In dem, wofür Du Dich einsetzen willst, mußt Du das *Einzigartige* sehen, es muß so bedeutend für Dich sein, als befände es sich im Zentrum des Universums. Und hier hören wir zugleich die Prophetenstimme, die Gott zum Menschen sagen läßt:

"In meinen Händen trage ich dich eingezeichnet."
(Isaia 49,16a)

Erkennen wir unsere eigene Schöpferkraft, die sich am Geburtsprozeß eines andern Menschen wesentlich beteiligen kann, erkennen wir, daß sich dieses Wesen im Zustand der Erwartung befindet, im Zustand der Bewußtwerdung seines Selbst. Werden wir uns unseres aktiven Schöpferblicks bewußt, der den andern bis in seine tiefsten Zonen erreicht und ihn dort *"erschafft"*. Dann geschieht *Liebe im Dreiklang:*
Bereit sein zu geben und den andern zu lieben. Bereit sein zu nehmen und die Liebe des andern anzunehmen. Bereit sein, auch sich selbst anzunehmen und sich selbst zu lieben. Dann schließt sich der Kreis zum *harmonischen Einen.*
Wollen wir nun unsere Erkenntnis und unser Vorhaben in einem Gebet zusammenfassen:

ICH BIN DER SCHÖPFER MEINES NÄCHSTEN

HERR, offenbare mir das wahre Wesen
der aktiven, schöpferischen Liebe.
In Deinem Geist,
in dem Du mich erschaffen hast,
will ich bewußt auch mit den andern leben.

HERR, laß mich begreifen, daß alle Kräfte,
die Du in mir angelegt hast,
unbegrenzt sind.
Hilf mir, meine Schöpferkräfte zu entfalten,
indem ich meinem Nächsten dabei helfe,
ein „Lebendiger" zu werden.

HERR, öffne mein Herz dem Geist
des absoluten Glaubens an den Nächsten
und laß mich klar erkennen,
wann und wofür er mich braucht.
Erhalte meiner Liebe jene Stärke,
die andere reifen und transzendieren läßt.

HERR, gib mir Selbstvertrauen
und lehre mich die wirkende Nächstenliebe
im vollen Sinn.
Ich will Dir helfen,
den Menschen an sein Ziel zu bringen,
von dem er noch so weit entfernt ist.

HERR, ich verstehe,
daß wir erst dann zur Vollendung kommen,
wenn sich diese positiven Kräfte,
anwesend in allen Herzen,
in der Fülle vereinen werden.
Möge Dein führender Geist
dieses Wunder vollbringen,
das Wunder des *Gottesreiches.*